ちくま新書

「超」入門！論理トレーニング

横山雅彦
Yokoyama Masahiko

1200

「超」入門！ 論理トレーニング【目次】

はじめに

いきなりですが、もしみなさんが英語の通訳者だとして、次のような日本人のスピーチを通訳するように言われたら、どう英語にするでしょうか。

超国際派ですね、と人からはうらやましがられているが、とんでもない。元来こわがりの私がどんな思いで毎回飛行機に乗っていることか。和食はもちろん、外国の食べ物だって、日本で食べた方がうまかったりするのだから始末が悪い。衣食住すべて和風好みの私は超国内派なのである。

これは、京都大学が出した英作文問題で、設問は「次の日本文を英訳しなさい」でした。実は、僕は予備校の授業で、「この問題は解けない」と、サジを投げました。この日本語を文法構文的に正確に、そのまま英語にしても、英語ネイティブには通じません。英語であって英語ではない――「ロジカル」ではないのです（この文章がどうロジカルではないのか、また、どう直せばロジカルになるのかは、第三章をお読みください）。

本文でも述べているように、日本人の九割が、英語とは無縁の生活を送っています。にもかかわらず、**なぜわれわれは英語を学ぶのか。それは、英語の「ロジック」を学ぶためです。**

すべての言語には、「**心の習慣**」があります。「読む・書く・聞く・話す」において、その言語を母語とする者が無意識にしたがっている思考様式です。スポーツにたとえてもいいでしょう。たとえばテニスなら、テニスの「ルール」が「心の習慣」です。そして、そのルールに基づき、テニス競技をするために必要な「道具」（ラケットやテニスボール、テニスウェア、テニスシューズ、テニスコートなど）が、言語だということです。

英語の「心の習慣」こそ、「ロジック」です。つまり、「英語的」と「ロジカル」は同義です。いくら文法的には正しくても、ロジカルでないなら、英語的ではありません。英語ネイティブには通じない「英語もどき」になってしまうのです。

各章で詳しく述べるように、日本は、英語を使わない高度な近代化に成功した「世にもめずらしい国」です。その原動力となったのは、明治の知識人たちが生み出した「現代国語」でした。現代国語とは、端的にいえば、英語的に改造された日本語――「ロジカルな日本語」です。「論理」という言葉は、そのとき"logic"の訳語として生まれたものです。ただ、明治の知識人たちは、野放図な英語化は許しておらず、伝統的な日本語の「心の習慣」は残したまま、「読む・書く・聞く・話す」のそれぞれ「公」の部分にのみ、"logic"を閉じ込めました。結果生まれた「文化ミクスチャー」が、英語であって英語ではない英語を生み、愚にもつかない「早期英語教育」や「英語公用語化」の議論を生み出す原因となってしまいました。

本来、日本語は、ロジックの運用には向いていません。そこで、拙著『高校生のための論理思考トレーニング』(ちくま新書)では、まず英語を使ってロジック運用を試み、それを日本語に応用するというアプローチを取りました。英語学習者や英語教師のみなさんからは、「英語と日本語の違いがよくわかった」という肯定的な評価を頂戴し、文部科学省によるSELHi（スーパー・イングリッシュ・ランゲージ・ハイスクール）指定校のいくつかでは、その試みのフレームワークに採用していただきました。予備校講師の仕事としては、異例のことでした。

その反面、解説に英文を多用したことが、大きくハードルを上げ、必然的に読者を選んでしまうことにもなりました。どれほどやさしい英文を使っても、レイアウトを工夫して英文のプレゼンスを下げようとしても、英文を見ただけで敬遠されてしまい、本当に届けたい読者に、手に取っていただくことができなかったのです。

そのような反省に立ち、本書では、**「日本語をいかにロジカルに運用するか」を、できる限り英語を使わずに、わかりやすく具体的に解説する**ことを試みました。もし、「大学入試程度の英語なら、何とかがんばって読める」という方は、『高校生のための論理思考トレーニング』も合わせてお読みいただければ、なおいっそう理解が深まると思います。

序章　現代国語と英語の関係

†愛≠love

次ページの書作品を見てください。何という字が書かれているでしょうか。「バカにするな、「品」に決まっているだろう」という声が聞こえてきそうです。実は、これを書いたのは、「前衛書の父」と呼ばれ、日本経済新聞の題字を揮毫《きごう》したことでも知られる上田桑鳩《うえだそうきゅう》です。

上田桑鳩は、この字を「愛」だと主張しました。

上田桑鳩は、お孫さんのハイハイするイメージをこの作品に託し、昭和二十六年

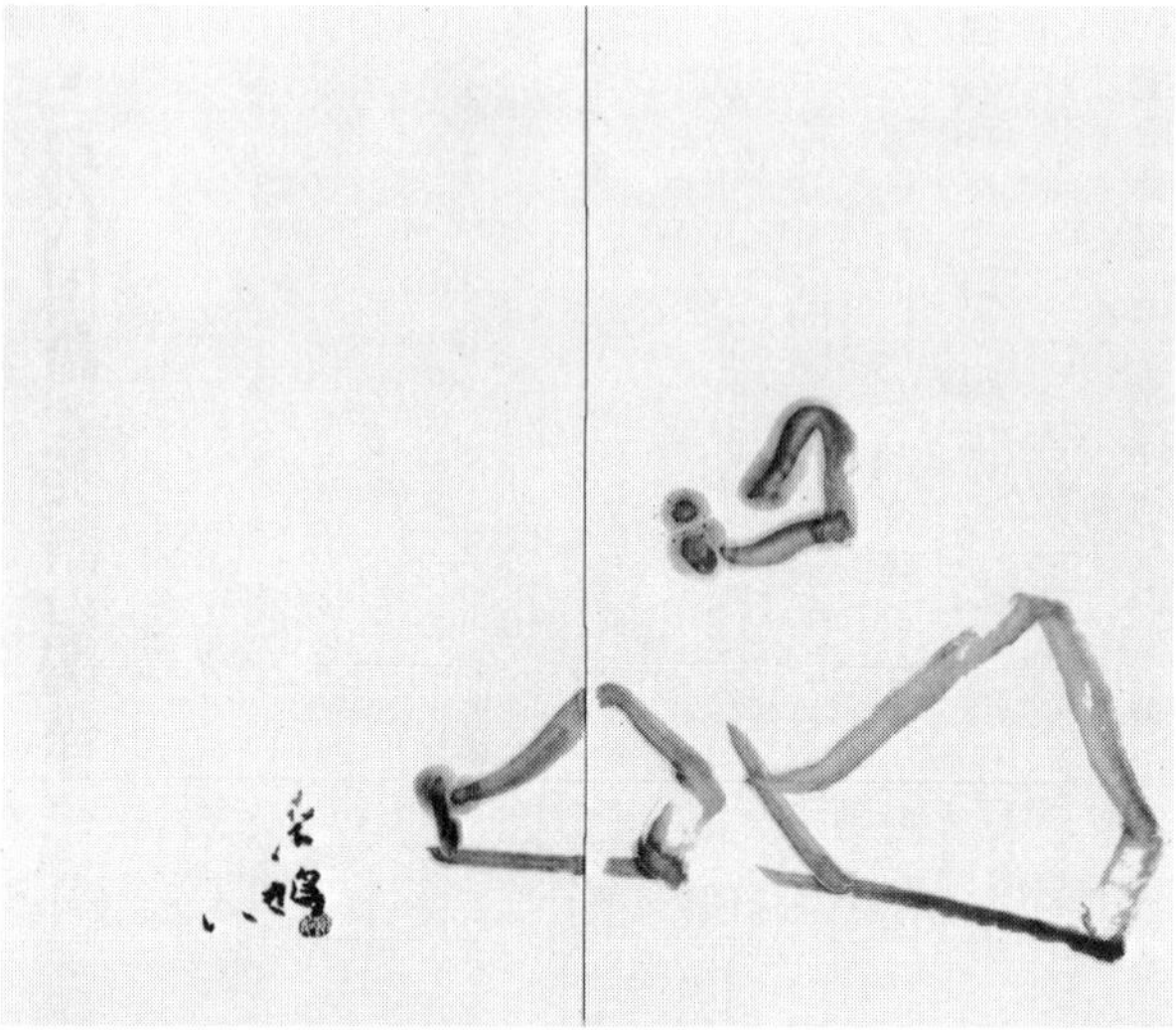

上田桑鳩「愛」(昭和26年)

(一九五一年)の日展に出品します。もちろん、どこからどう見ても、「愛」とは読めません。すでに押しも押されもせぬ大家となっていた上田桑鳩が、芸術の世界でももっとも権威ある日展に、このような書を出品したことは、当時の書道界を揺るがす大事件となりました。この騒動は、昭和三十年(一九五五年)、上田桑鳩の日展離脱をもって一応の収束を見ますが、これは日展側が不勉強でした。

夏目漱石は、"I love you."を「月がきれいですね」と訳したと言われています。昭和五十四年（一九七九年）に出版された豊田有恒《とよたありつね》さんの『あなたもSF作家になれるわけではない』（徳間書店）には、夏目漱石が英語教師だったとき、「我、汝を愛す」とか「僕は、そなたを、愛《いと》しう思う」などと訳す学生たちを「おまえら、それでも、日本人か？」と一喝し、「日本人は、そんな、いけ図々しいことは口にしない。これは、月がとっても青いなあ——と訳すものだ」と言った、とあります。実は、この逸話には明確な出典がなく、昭和も戦後になって生まれた都市伝説であるようなのですが、あながち、まったくのデタラメでもありません。

"love"の訳語として「愛」という言葉が生まれたのは、明治の初めのことです。幕末から明治にかけての大阪を舞台にしたNHK連続テレビ小説『あさが来た』は、その言葉遣いの時代考証が秀逸でした。とくに感心したのは、イギリス帰りの五代友厚《ごだいともあつ》が、主人公のあさに、「あささんは旦那さんを愛していますか」とたずねるシーンです。あさは、五代の言葉の意味がわからず、「愛して？」と聞き返すのです。明治以前の日本に、「愛している」という言い回しはなく、「愛しい」と書いて「うつくしい」と読んでいました。つまり、「愛」＝「美」＝「品」だったのです。肉感的でエロス的、西洋的な“love”とは、ずいぶん違います。

いや、「愛」だけではありません。『日本語を叱る！』（加賀野井秀一、ちくま新書）によれば、「社会」「郵便」「国会」「内閣」「抽象」「判断」「方程式」「電気」「熱帯」など、今日の生活に不可欠な言葉は、およそ明治維新期につくられた「新造漢語」であり、その数ざっと一万だそうです（日常会話に必要な語数は二千と言われていますから、そのすべてと言っていいでしょう）。

いったんこの事実を知ってしまうと、テレビや映画の時代劇が、素直には楽しめなくなってしまいます。萬屋錦之介《よろずやきんのすけ》主演の映画『日蓮』では、日蓮の口から「宗教」という言葉が飛び出し、ＮＨＫ大河ドラマでは、吉田松陰《よしだしょういん》の弟子たちが、「議論」や「命題」といった言葉を、ごく当たりまえに使っていました。もちろん、それらはすべて西洋文明を前提とした新造漢語であり、当時には存在するはずのない言葉です。

ＮＨＫ大河ドラマの吉田松陰が度々口にしたキーワードで、もっとも気になったのが「運命」です。これもまた、明治の新造漢語です。「愛」の時代考証で僕を唸らせた『あさが来た』でも、この言葉が使われました。

『JIN―仁―』というテレビドラマに、「神は乗り越えられる試練しか与えない」というセリフが出てきます。このドラマは、村上もとかさんの同タイトルの漫画を原作とするもので、脳外科医である主人公、南方仁《みなかたじん》が、江戸幕末にタイムスリップし、現代医学の知識で、その時代の人々を助けながら、日本史の重大な出来事に深く関わっていく物語です。そこで、誰にも孤独のわけを話すことができず、一人苦しむ仁を、彼が身を寄せる旗本・橘《たちばな》家の娘、咲《さき》が、冒頭のセリフで励ますのです。僕自身、大変感動し、涙を流したわけですが、冷静になってよく考えてみると、「試練」もまた、まだこの時代にはなかった言葉です（ちなみに、原作漫画にこのセリフはありません）。

咲のセリフは、おそらく「神は真実な方です。あなたがたを耐えられないような試練に遭わせるようなことはなさらず、試練と共に、それに耐えられるよう、逃れる道をも備えていてくださいます」という聖書（「コリントの信徒への手紙一」第十章第十三節）の教えに由来しています。「運命」や「試練」という言葉で前提されているのは、一神教の「神」――すなわち、大文字で始まる"God"（ユダヤ・キリスト教では「ヤハウェ」、イスラームでは「アッラー」）です。"God"は、天空から人間を支配し、試練を与え

たり、祝福を与えたりする全知全能の存在であり、イスラーム的に言えば、人間の「主人《ラッブ》」です。「運命」は“God”が決めるもの、「試練」は“God”が与えるものなのです。

　しかし、多くの寺社縁起を見てもわかるように、明治以前の日本人にとって、神とは、犬が怖かったり、鶏が嫌いだったり、屋根から落ちて怪我をしたり、人間にとても近い、社会学者の宮台真司さんの言葉を借りれば、「友達神」とでも呼ぶべき存在でした。幕末維新期に生きた咲が、一神教的な神観念を持っていたはずがありません。江戸時代には、キリスト教は固く禁じられていましたし、現代人の仁ならともかく、咲がどこかで聖書の教えを伝聞していたということもあり得ないでしょう。

つまり、**われわれ現代の日本人が使っている日本語は、明治維新期に大改造された新しい日本語なのです。**十六世紀イングランドの劇作家ウィリアム・シェイクスピアは、ちょうど徳川家康と同時期を生きた人（没年は同じ一六一六年）ですが、きちんと受験英語を学んだ日本人なら、誰でも彼の英語を読むことができます。やや古く感じはするものの、現代英語と大きな違いはありません。しかし、家康がしたためた書状を（たとえ活字にしたとしても）すらすら読める日本人は、まずいないでしょう。わずか二百年前の同じ国の言葉を「古文」と呼び、まるで外国語のように、その語彙や文法を学び直さなければならない国は、日本以外、世界中どこを探してもありません。

†英語を使わない近代化を果たした日本

「近代」の定義は、学問分野によってさまざまですが、僕が博士課程で学んだ"History of Religions"（宗教史学）と呼ばれる学問では、一四九二年、コロンブスの大航海とともに始まったとされています。その瞬間に、「西洋」が誕生し、それと同時に「非西洋」が誕生します。近代とは、西洋世界による非西洋世界再創造の歴史であり、世界中が西洋化していく歴史でした。

英語で「近代」を"modern"と言います。実は、"modern"にはもう一つ、「現代」という意味があります。「現代」は、一七七六年のアメリカ建国をもって始まります。つまり、近代の後半が現代であるわけですが、それは、西洋（ヨーロッパ）を煎じ詰めた国がアメリカであるからです。アメリカは、近代西洋文明の体現者でした。「近代化」とは「西洋化」のこと、さらに、現代においては「アメリカ化」のことです。したがって、それが「英語化（米語化）」を意味することも、論理的な帰結でしょう。

問題は、非西洋的な言語的・文化的背景を持つ国々の近代化です。近代西洋文明を受け入れるに当たり、その前提となる諸概念（言葉）を持たない国々は、ダイレクトに英語を使うしかありません。いわゆる「英語帝国主義」や「英語植民地主義」と呼ばれるものです。

たとえば、フィリピンでは、母語であるタガログ語は、もちろん使用されてはいるものの、すでにプライベートなおしゃべり程度で、知的・公的な場面での言語は、文明の言語である英語です。英語を使うことができない人々は、必然的に、文明を担うエリートにはなれません。

日本の近代化が始まったのは、言うまでもなく、明治維新期です。このとき、当時の知識人たちは、前代未聞の離れわざをやってのけます。**特殊英語的な概念に漢語を当てはめ、近代文明受け入れに必要な語彙を、わずか十数年で生み出したのです。**それらが、冒頭に述べた一万あまりの新造漢語です。「政治」「経済」「社会」「文明」「文化」「宗教」「思想」「自由」「宇宙」「自然」など、現代社会を語る上で欠かせない語彙のほとんどすべては、このときつくられたものです。

意外なところでは、「〇〇的」の「的」が、もとは英語の“-tic”の音訳としてつくられた言葉だということをご存知でしょうか。さらに、漢語にならない概念はカタカナで表記し、そうしてできあがった新しい日本語が「現代国語」です。

「現代国語」は、まさに奇跡の産物でした。非西洋文化圏においては、近代化の恩恵に浴することができるのは、英語を学び、それを高度に使うことができるごく一部のエリートに限られます。ところが、日本では、現代国語のおかげで、国民レベルでの近代化に成功したのです。「はじめに」で、「世にもめずらしい国」と述べた通りです。

現代国語の罪

「はじめに」で、すべての言語には「心の習慣」があると述べました。明治の知識人がつくりあげた現代国語は、「和魂洋才」のスローガンが示すように、日本語の「心の習慣」は保持しながら、日本語を英語的につくり変えたものです。みなさんは、ふだんの会話の中で、「なんでそこだけ過去形？」などと、当たりまえのように口にしていますが、「時制」も、明治期の言文一致政策の中で確立した文法のひとつです。「主語」や「述語」、「品詞」といった概念も、英語の翻訳として生まれたものです

（そもそも、「文法」という言葉自体が、明治の新造漢語です。「語彙」や「表現」またしかりです）。

その「功」の部分については、すでに述べた通りですが、同時に、あるいはそれ以上に大きな「罪」の部分も生み出しました。**日本人を永遠に英語が苦手な国民にしてしまった**のです。「早く人間になりたい」というセリフで人気を博した『妖怪人間べム』というアニメがありました。日本人は、さしずめ「永遠に英語に憧れながら、永遠に英語がマスターできない妖怪人間」でしょうか。日常生活において英語を使う機会もなければ、必要もないのですから、いつまでたっても英語が上達しないのは、当然のことです。日常的に高度な英語を必要とする日本人は、全体の一割を切るという研究もあります。

僕自身のことをお話ししますと、学部でも大学院でもアメリカ研究を専攻し、大学受験予備校の教壇に立つまでは、英会話学校で講師を務めていました。ＴＯＥＦＬでは、ほぼ満点を出していましたし、少なくとも「聞く・話す」において、まったく不自由はありません。

英会話学校では、「日常会話」として、ショッピングや道案内、電話、挨拶など、さまざまなシチュエーションでの決まり文句を教え、スキット（寸劇）の練習をしました。もちろん、僕自身は、完璧に使いこなすことができます。しかし、現実の生活で、それらの「日常会話」をしたことは、数えるほどしかないのです。英語を専門にする僕が、です。

そもそも、「リスニング」のために、わざわざオーディオ機材を用意しなければ、日本にいて英語を「聞く」機会などありません（日本で暮らす日本人にとって、「英語を聞く」とは、すべて「リスニング」です。「リスニング」は「耳を傾けて聞く」こと、「ヒアリング」は「自然に聞こえてくること」で、「ヒアリング」の機会は、日本にいる限り、どんな英語名人にもないのです）。いま、僕が日常的に当面している英語の必要性は、英語の本や雑誌を「読む」ことくらいでしょうか。「話す」機会は、海外から空手の生徒がやってきたときくらいですし（僕は空手家でもあります）、「書く」ことも、海外の友人とメールをやり取りするためにする程度です。

文部科学省は、「グローバル化への対応」を大義名分に、小学校高学年から英語を必修化することを決めました。中学や高校の英語の授業は「オールイングリッシュ化」するよう求められ、大学入試英語も、スピーキングを重視する「四技能化」の方向へ（一部ながら）進みつつあります。これら文科省の英語教育改革は、言うまでもなく、一部企業による社内英語公用語化と連動するものです。

実に愚かなことです。早期英語教育論も社内英語公用語論も、明治の知識人たちがどれほど苦労して現代国語を用意したかを知らないたわごとです。彼らの血の滲むような努力のおかげで、日本は「世にもめずらしい国」となりました。**最小限のロジカル化（英語化）をもって、「国の個性」を保ちながら、最大限に近代化の恩恵をこうむっているのです。**

現在、世界には、約五千百の言語が存在します（研究によって、三千から七千まで、かなりの幅があります）。しかし、急速な情報化とグローバル化、そしてそれに伴う英語支配によって、多くの少数言語が英語に取って代わられつつあります。ドイツの環境学者ウォルフガング・ザックスは、これから一世代か二世代のうちに、ほとんどの言語が死に絶え、わずか百の言語だけになるだろうと述べています。それら百の言語が、英語を中心とする力ある文明の言語であることは、言うまでもないことです。

「世界中の言語が英語だけになって、どこが問題なのか」と思われるでしょうか。言語の多様性は、文化の多様性です。文化とは、長い長い年月をかけ、自生的にできあがった秩序です。生物の多様性と同様に、ひとたび絶滅した言語は、二度とふたたび、よみがえることはないのです。言語の数だけ、「生きる可能性」があります。僕は、その可能性がたったひとつしかない世界など、想像したくありません。

内田樹《うちだたつる》先生は、「知的イノベーションは母語によってしか担われない」と述べておられます。日本は、英語による植民地化を免れ、奇跡的に「国の個性」を保ったまま、母語による高度な近代化を果たした「世にもめずらしい国」です。実際、英語ではない母語で高等教育や先端研究を行い、二十人以上のノーベル賞受賞者を輩出している国は、日本だけです。日本人は、そのことをもっともっと強く自覚し、誇りにすべきでしょう。現在、多くの大学が、文科省の「スーパーグローバル大学創成支援」を得るために、競って講義をオールイングリッシュ化しようとしています。英語を使わなければ近代化の恩恵を蒙ることができない国ならばともかく、なぜ、わざわざそこまでして知的イノベーションの可能性を摘まなければならないのか、僕にはまったく理解できないのです。

†日本における「英会話」信仰

こうした日本人のナイーブな「英会話」信仰、「実用英語」神話は、何も今に始まったものではありません。その淵源は、終戦の翌年、昭和二十一年（一九四六年）に始まったＮＨＫラジオ英語会話、通称「カムカム英語」です。この通称は、番組で流れる「証誠寺《しょうじょうじ》の狸囃子《たぬきばやし》」の替え歌、「カム・カム・エブリバディ」から来ています。

ＧＨＱの支配下にあって、初代講師に抜擢されたのは、ＮＨＫ国際部の主任アナウンサーだった平川唯一《ひらかわただいち》先生です。平川先生は、玉音放送の英訳と朗読を担当したことでも知られます。平川先生は、十七歳で渡米、短期で正しく英語を習得するために、なんと小学校に入学し、一年生と机を並べて勉強したそうです。こうした前代未聞の荒療治を経て、ワシントン大学の演劇科を首席で卒業、ハリウッド映画にも出演されました。

「カムカム英語」は、たちまち国民的番組となり、平川先生は、ダグラス・マッカーサー、吉田茂と並ぶ「戦後日本の三大有名人」の一人となりました。当時小学校低学年だったはずの母が、今でも「カム・カム・エブリバディ」を歌えるほど、その人気はすさまじいものだったようです。しかし、それは、「英語を話せるようになりたい」という人々の願望というより、むしろ、軍国主義による抑圧から解放されたことへの喜びと、「自由と民主主義の国」アメリカに対する憧れの表出だったと思います。「日本を明るくしたい」という平川先生の思いも大きかったでしょう。

道案内やショッピング、天気の会話など、いわゆる「日常英会話」の原型は、この番組でつくられました。重要なのは、この番組が、GHQのプロパガンダの一環として制作・放送されていたという事実です。マッカーサーは、来日早々、真っ先に英語を日本の公用語とするよう命じています。もちろん、「国体護持を認めたポツダム宣言に反する」という日本側の抗議により、白紙撤回されますが、「カムカム英語」は、明らかに、マッカーサーの意向を反映するものでした。つまり、事実上の英語公用語化政策だったのです。

昭和二十六年（一九五一年）、サンフランシスコ講和条約が締結され、日本が主権を取り戻すと、GHQは去り、「カムカム英語」も放送を終了しました。NHKラジオ英語会話の講師も、GHQの放送要員だった平川先生から、松本亨《まつもととおる》先生、東後《とうご》勝明《かつあき》先生、さらに次の先生方へとバ

トンが引き継がれていきます。しかし、今日に至るまで、その内容や構成は、基本的に「カムカム英語」をほとんどそのまま、無批判に踏襲するものです。学校で教えられている「日常会話」も同じです。

僕は時折、「カムカム英語」以来、連綿と日本人が信じ、求めてきた「日常英会話」とは何なのか、考えてみることがあります。こうした「日常英会話」が使われる国とは、いったいどんな国なのだろうかと。日常的に英語でショッピングや道案内をし、英語で自己紹介や挨拶をし、英語で天気について語る国――誤解を恐れずにあえて言えば、それは終戦当時、GHQが目指した「アメリカの植民地としての日本」ではないでしょうか。そこで想定されているのは、やはり、アメリカの支配下にあって、ドルが流通し、英語が公用語となっていた、かつての沖縄のような国と言わざるを得ません。少なくとも、英語教育に関する限り、アメリカ占領軍による支配の呪縛は、今もって続いているのです。

†いかに英語と向き合うか

よく「日本人は、中学高校の六年間、必死で英語を勉強しても、ろくに英語が話せるようにならない」と言われます。しかし、本当は、中学高校の六年間、必死で英語を勉強しても、それを実用する場面などなく、九割の日本人は、英語をまったく使わないまま、人生を終える、ということなのです。話せるようになるほうが、むしろおかしな話です。

英語の習得の仕方には、「社会的イマージョン」と「知的イマージョン」の二つがあります。「イマージョン」とは「浸ること」です。社会的イマージョンは「自然に英語環境に浸ること」、知的イマージョンは「知的行為として意図的に浸ること」です。現代国語が存在する限り、日本では、社会的イマージョンとしての英語学習は不可能です。日本人が英語が苦手なのも、その九割の人々の日常生活に英語が必要ないのも、当然と言えば当然のことなのです。

他方、知的イマージョンとして日本人が英語と向き合い、高度な運用能力を身につけるためには、想像を絶する努力が必要です。「楽しく、自然に」などとは、まったく無縁の世界です。僕自身、中学高校を通じて、さまざまな英語暗誦大会や英語弁論大会に出場し、文字通り、その練習に明け暮れました。大学では、下宿の迷惑にならないようにと、深夜大通りを自転車に乗って練習し、がなりすぎて、何度も声を潰しました。通学の途中はもちろん、キャンパス内でも常にウォークマンで英語を聞き、ついには鼻血を出したこともあります。

一九七〇年代から八〇年代にかけて、NHKラジオ英語会話で人気を博した東後勝明先生は、一九九〇年代以降、「コミュニカティブ・アプローチ」の伝道者として活躍された方です。コミュニカティブ・アプローチとは、現在四技能化を推進する日本の英語教育の主流ですが、もともとは、一九七〇年代の初頭、旧植民地からの大量移民に対応するために、ヨーロッパで考案されました。英語での生活を仮想体験することで、楽しみながら英語を身につけようとするものです。しかし、東後先生ご自身は、決してそんな方法で英語を学んではおられません。『新版英語ひとすじの道』（筑摩書房）に綴られた先生の英語修行は壮絶の一語、はばかりながら、僕の半生を読んでいるようでした（僕がコミュニカティブ・アプローチの提唱者たちに批判的な理由は、まさにここにあります。彼らは、自分自身が学んできたものとはまったく違う方法で、「楽しく、自然に」などと気楽なことを口にしているのです。これは、一種の詐欺ではないのでしょうか）。

斎藤兆史《さいとうよしふみ》先生の『英語達人列伝――あっぱれ、日本人の英語』（中公新書）を読むと、明治以降、英語の名人達人と呼ばれる人たちの英語学習は、何ひとつ変わっていないことがわかります。それは、文字通りの刻苦《こっく》勉励《べんれい》です。**日本人にとって、真の意味での英語習得は、まさに苦行なのです。**逆に言えば、日本は、そこまでしなければ英語習得が不可能な国だということです。

考えてみると、日本人にとっての英語は、空手にとてもよく似ています。まず、日常生活において、道場（英語の場合は学校や教室）で習った技術を実用する機会がありません。あったとしても、自分自身や大切な人に危険が及んだ（英語の場合は外国人に遭遇した）とき――すなわち、きわめて非日常的な状況にすぎません。

空手の道場に通う人は、大きく二つのグループにわけられます。ひとつは、「生涯をかけて名人達人を目指す」というグループ。そして、もうひとつは、「名人達人にならなくてもいいから、いざというときに備えて、護身術として空手を身につけておきたい」というグループです。前者を目指すなら、週数回の道場での稽古だけではとても足りず、行住座臥《ぎょうじゅうざが》、たゆまず鍛錬に励まなければならないことは、どなたでもおわかりになることでしょう。

英語も同じです。名人達人を目指す一割の人にとってみれば、中学高校の英語の授業は、いわば「序の口」、そこからがつらく苦しい修行の始まりです(他人が見れば苦行そのものでも、本人は好きで好きで仕方なく、その道を楽しんで歩んでいる点でも、名人達人を目指す空手家と同じです)。そして、残りの九割が英語を学ぶのは、いわば「知的護身術」として、です。

†グローバル時代を生きるために身につけるべきこと

現代国語が、英語的に大改造された日本語――「ロジカルな日本語」であることは、すでに述べました。重要なことは、それをつくった明治の知識人たちが、全面的なロジカル化を許していない、ということです。すなわち、彼らは、日本語の伝統的な「心の習慣」=「国の個性」を保持したまま、「読む・書く・聞く・話す」のうち、「公」の部分にのみ、ロジックを閉じ込めたのです。

よく現代文の講師が、「現代文は論理の科目だ」という言い方をします。これは、半分は正しく、半分は間違っています。現代国語において、論理的《ロジカル》に運用できるのは、そのごく一部――「公」の部分のみです。「知的な」部分と言ってもいいかもしれません。「読む・書く」ならば「評論文」であり（「現代文」とは「評論文」のことです）、「聞く・話す」ならば「議論」であり「討論」、「演説」です。そもそも、もし日本語が完全にロジカル化しているのであれば、日本人が、ここまで英語の習得に苦労するはずがありません。現代国語の中に、日本語本来の「心の習慣」が残っているからこそ、永遠に英語の苦手な日本人が生まれることになったのです。

単に近代化のためだけなら、わざわざ日本語を改造するまでもなく、英語をダイレクトに使ったほうが手っ取り早く、はるかに効率的だったはずです。しかし、明治の知識人は、断じてそれをしませんでした。彼らが生み出した現代国語は、日本の「国の個性」を守りながら近代化を果たすという大偉業の立役者となりましたが、**同時に、英語と日本語、両方の「心の習慣」が混在する文化ミクスチャーでもありました。**

二十世紀は、アメリカ文明という名の普遍的文明が世界を覆い、世界がアメリカ化していった時代でした。とりわけ、インターネットの普及により、今日、アメリカの言語（英語）が、事実上のリンガ・フランカ（世界共通語）となっています。英語と同じヨーロッパ言語を用いる国々は別として、ほとんどの国は、のきなみ伝統的な言語や文化を捨て、英語を公用語とすることで、これに対応しようとしています。日本も例外ではなく、あるいは二度目の明治維新に直面していると言っていいのかもしれません。「英語を公用語に」という動きは、僕が身を置く教育の世界でも、かつてないほど高まってきています。確かに、グローバリズムの勢いはまるでブルドーザーのようで、明治の知識人が用意した「和魂洋才」の現代国語では、もはや対応しきれないほどのものなのかもしれません。

だからこそ、英語が支配するグローバル社会において、**われわれ日本人が備えなければならない真に差し迫った課題は、英語そのものではなく、英語の「心の習慣」である「ロジック」を学び直すことです。**明治の知識人たちの尊い遺産である「現代国語」を生かしながら、もう一度、**いかに日本語をロジカルに運用すればよいかを、**改めて考え直すことです。

第一章　ロジックの英語とハラ芸の日本語

†"Do you know about Musashi Miyamoto ?"

僕が高校二年のとき、文部省（当時）と外務省の「英国人英語指導教員招致事業」によって、ジャッキーさん（ジャクリーン・ローズさん）というスコットランド人の女性が、一年間、僕の高校に赴任してこられました。

入学早々、一人でＥＳＳ（英語部）を立ち上げるくらい、英語に燃えていた僕にとって、これほど幸運なことはなく、休み時間になると、ヒマを見つけては、ジャッキーさんのところに通いつめていました。あの一年は、日本語よりも英語を話していたほうが長かったかもしれません。

スピーチ大会に出るようになったのも、少しでもたくさんジャッキーさんと話したかったからです。手書きしたスピーチの原稿を、ジャッキーさんに何度見てもらったかわかりません。原稿が完成すると、ジャッキーさんの朗読を録音させてもらい、発音やアクセントはもちろん、微妙な間《ま》まで、彼女の英語を完全にコピーしました。

日曜には、スピーチの練習にかこつけて社宅に伺うほど、ジャッキーさんとばかりしゃべっていたので、ロンドンから来たジャッキーさんの友達の英語指導教員の男性から、「君の英語はスコットランドなまりだ。しかも女性の英語だ」と、からかわれたこともあります（ジャッキーさん自身も、僕の英語が彼女の英語にあまりに似てくるのに、内心困っているようでした）。それも当然で、英語と言っても「たった一つ」ではありません。地域によって、年齢によって、性別によって、さまざまな英語があります。そうとも知らず、二十代前半のスコットランド人女性の英語を完コピしていたのですから。

あるとき、武道の話をしていて、ジャッキーさんが、僕に"Do you know about

Musashi Miyamoto?"（宮本武蔵について知っていますか？）とたずねました。ところが、恥ずかしいことに、当時の僕は、武蔵のことをほとんど知らず、その質問には答えられませんでした。そこで、吉川英治さんの名作『宮本武蔵』の英文版を一カ月がかりで取り寄せ、ついでにプレゼント用のラッピングまでしてもらって、喜び勇んでジャッキーさんのところに持っていきました。

「ジャッキーさんが知りたがっていた武蔵についてなんですけど……」と切り出したときの、彼女の反応は、今でも忘れられません。ジャッキーさんは、僕に武蔵についてたずねたことすら忘れてしまっていて、僕が「きっと喜んでくれるだろう」と思って渡した本も、いったいどう受け取っていいのか、「なぜMasahikoがこれをくれるのか、まったく意味がわからない」という顔をしていました。

僕は長いあいだ、このときのジャッキーさんの反応が謎だったのですが、ずっとあとになって、英会話学校で教えるようになってから、「なるほど、そうだったのか」と、腑に落ちました。日本に来たばかりのアメリカ人の講師が、教室で"Have you seen my pen?"（私のペン、見なかった？）と言っただけで、生徒たちが一斉に立ち上がり、ペンを探し始めて、本当にどうしていいかわからなかった、というのです。

もうおわかりだと思います。英語ネイティブにとっては、口にしたことがすべてです。そのアメリカ人は、本当に「私のペン、知らない?」と、たずねただけなのです。

ところが、それとは対照的に、**日本人は、言葉の裏の真意をハラで察しようとします。**「言わぬが花」、「みなまで言うな」という言葉を聞いたことがあるでしょう。日本人にとっては、「言わないこと」、「言葉にしないこと」が「愛《うつく》しい」のです。序章で、夏目漱石が"I love you."を「月がきれいですね」と訳したというお話をご紹介しました。「愛している」などと、はっきり口にしてしまうのは、以心伝心の日本語では、まったく野暮で、美しくないのです。

「言挙げ」しない国・日本

日本では、「神《かん》ながら言挙《ことあ》げせず」と言って、神代の昔から言葉を連ねて縷々《るる》述べ立てること、そしてそれを絶対のように祭り上げることを嫌います。この「言挙げ」しない国・日本に、さらに奈良時代には仏教が入ってきました。

禅に、「不立文字《ふりゅうもんじ》」という言葉があります。「文字《もんじ》を立てず」――「真の悟りは、言葉では表現できない。言葉を超えた以心伝心の世界こそが、真の悟りの境地なのだ」というほどの意味ですが、このように仏教には、もともと「言葉なんてウソ」という発想があります。

ただ、インド仏教（少なくとも日本伝来以前の中国仏教）における「以心伝心」は、「言葉なんてウソ」という境地に行き着くまでに、恐ろしいほど徹底して言葉を尽くします。たとえば、「空《くう》」を体系づけ、大乗思想を総合したとされる龍樹《りゅうじゅ》（ナーガールジュナ）の『中論』ともなると生易しいものではなく、さながら米粒を一つひとつ竹べらで練りつぶすように、こと細やかに、一切を言葉で否定していきます。そして、最後には言葉で否定すること自体を否定して、「言葉なんてウソ」と結論づけるのです。

日本でもっともよく読まれている『般若心経』もそうです。「これも空、あれも空」と、さんざん言葉で説明しながら、最後には、「だから空の世界は言葉にならない。一番いいのは、この摩訶不思議な呪文を信じて唱えることだ」と言い、あの有名な

「ギャーテーギャーテーハーラーギャーテーボージーソワカ（ガティ・ガティ・パーラガティ・パラサムガティ・ボウデヒ・スヴァハー）」という真《しん》言《ごん》を持ち出します。言葉を尽くしてすべてを否定し、ついには言葉をも否定してしまう。これは、ある意味では、西洋哲学の弁証法です。

日本仏教の場合は、この気が遠くなるような弁証法的プロセスをすっとばし、「以心伝心」の結論だけを取り入れています。ちょうど、この結論が、古来の「言挙げせず」という思想とうまく合致したのでしょう。お経に書かれている説法の意味も考えず、まるでそれ自体が呪文であるかのように（在家信者のみならず僧侶までもが）読経する国は、日本だけです。

日本人の「察し」は、こうした長い歴史的・文化的背景の中で、培われてきた「心の習慣」です。難語訳辞典として知られる『最新日米口語辞典』（エドワード・C・サイデンステッカー／松本道弘共編、朝日出版社）によると、「以心伝心」は、英語では"telepathy"です。日本人のコミュニケーションは、英語ネイティブから見れば、まるでテレパシーなのです。

実際、英語ネイティブなら、先生が"Have you seen my pen?"と言っても、そっけなく"No."（知らない）というだけです。あるいは、「ほら、そこにありますよ」と言うだけで、わざわざ取ってあげたりしません。たとえ相手が会社の上司でも、大統領でも、「取ってくれますか？」と言われない限り、「ほら、そこ」と指差すだけです。

「いくら何でも、先生や上司相手に、それはちょっと失礼じゃない？」と思うでしょうか。それが、日本人の感覚です。だからこそ、先生の"Have you seen my pen?"という単なる質問を、日本人の生徒は礼儀正しく深読みし、「探してほしい」という意味に受け取ってしまうのです。

それと同じで、ジャッキーさんも、ただ武蔵について知っているかどうか、僕にたずねただけでした。にもかかわらず、「ジャッキーさんが知りたがっていた宮本武蔵の小説です」などと、突然豪華な本をプレゼントされたのですから、ジャッキーさんにとっては、さぞありがた迷惑だったことでしょう。

†ロジックの出発点＝「アイ」

聖書のヨハネ福音書の冒頭に、「はじめにロゴスありき。ロゴスは神とともにあり、ロゴスは神なりき」とあります。「ロゴス」とは「言葉」の意味であり、「ロジック」の語源です。英語ネイティブにとって、まさに言葉は神なのです。彼らは、言葉による説得を何より大事にします。その「心の習慣」こそが、ロジックです。

なぜ彼らは、言葉を神とするほどに、言葉を尽くして説明しようとするのでしょうか。それは、人はみなそれぞれに"self"、すなわち確立された「自我」を持った存在であり、そのままでは互いに理解し合うことはできないという前提があるからです。「アイデンティティ」と言っても、「個」の意識と言ってもいいでしょう。

それがもっとも端的に表れているのが、"I"という主語です。ロジックの出発点には、"I"というアイデンティティの意識があります。"I"は、相手が誰であっても、変わることはありません。相手が親であれ、兄弟であれ、先生であれ、大統領であれ、また友人であれ、使用人であれ、"I"は"I"です。相手もまた、確立された自我を持つ"I"です。ですから、呼びかけるときは、相手との関係によらず、常に"You"です。

ところが、日本語には、そうしたアイデンティティを示す語がありません。「私」は「僕」、「俺」、「小生」、「拙者」、そして「あなた」は「君」、「お前」など、相手との関係によってさまざまに変化します。そもそも、「私」は「公」に対する言葉、つまり公の場での呼称にすぎませんし、「あなた」は「此方《こなた》」=「こちら」に対する「彼方《あなた》」=「あちら」、つまり方向を示す言葉でしかないのです。

僕は、ロジックの基礎にある峻烈な"I"という自我意識は、「絶対他者」と対峙し、パーソナルな関係を築くことから生まれると考えています。絶対他者とは、"God"のことです。「永遠の"You"」と言ってもいいでしょう。人間は、永遠に"God"になることはできません。その「永遠の"You"」を常に意識することで、彼らは"I"の意識を持つのです。

もし、英語ネイティブに友人がおられたら、「"God"はどこにいますか?」と、たずねてみるといいでしょう。彼らは、まっすぐ垂直真上に腕を伸ばし、頭上を指差します。逆に、「神」と聞いて、顔を垂直真上に向ける日本人は、まずいないのではないでしょうか。絶対他者である"God"は、垂直真上から人間を支配する主人であり、創造主です。同じ一神教であるキリスト教とイスラームの決定的な違いは、キリスト教がイエスを「神の子」とするのに対して、イスラームは断じてそれを認めないことです。ムスリムは、「天にましますわれらが父よ」と呼びかけることすらしません。彼らにとって、アッラーは親しみとは無縁の神であり、人間はその「奴隷《アブド》」なのです。

こうした垂直真上の「神」観念は、中国の甲骨文《こうこつもん》にも登場します。「丙子卜」——

甲骨文の冒頭に刻まれた文言ですが、日本では、なぜかこれを「丙子《ひのえね》の日に卜《ぼく》す」と読みます。しかし、それは間違いで、正しくは「丙子が卜す」です。「丙子」とは「天」であり、天命を司る最高神としての天帝です。そして、「卜す」とは「万象を司る」ということ。甲骨文の「丙子」は、まさに絶対他者のことなのです。

僕が小学生の頃、『空手バカ一代』という空手漫画が大ヒットしました。ビール瓶の首を手刀《しゆとう》で吹き飛ばす主人公の異名が、「ゴッドハンド（神の手）」でした（アメリカ人がそう呼んだことになっていますが、あり得ないつくり話です）。最近、若者たちの会話で、「神漫画」、「神ドラマ」、「神曲」、「神講師」などという言葉をよく耳にします。単に「神だ」と言うこともあります。人気投票で選ばれたアイドルグループの上位七名を、「神セブン」と呼ぶそうです。彼らにとっての「神」には、「スーパー」程度の意味しかありません。その神観念は、基本的には「友達神」のままです。ところが、その一方で、「神は乗り越えられる試練しか与えない」という一神教的な言葉を、ごく当たりまえのように、励ましに使っています。やはり、文化ミクスチャーなのです。

†「あっ、富士山が見える！」と“Oh, I see Mt. Fuji!”

僕の恩師で、東京外国語大学名誉教授の小浪充《こなみたかし》先生は、かつて「中学一年の教科書を、“This is a pen.”などではなく、“I”で始まる例文で始めてみたらどうかと思う」とおっしゃったことがあります（もちろん、まだ小学校での英語必修化など、誰も夢にも思わなかった頃の話です）。先にも述べたように、英語のロジックの出発点には、“I”の意識があります。「なるほど」と、膝を打ったものです。

“I”の意識に関して、小浪先生は折に触れ、元国連難民高等弁務官の緒方貞子さんのエピソードを話してくださいました。緒方さんは、小浪先生にとっては、フルブライト奨学生の先輩に当たります。夏のセミナーのある日、アメリカ人教官が持っていた扇子を見て、緒方さんは、さり気なく“Oh, I notice you have a beautiful fan!”とおっしゃったそうです。日本語に訳せば「あら、きれいな扇子ですね！」くらいになるのでしょうが、緒方さんのように“I notice”と始めることができる日本人は、まずいないと思います。

「きれいな扇子ですね」と聞いて、そのときとっさに僕が思いついた英訳は、"What a beautiful fan!"でした。もちろん、英語として間違いではありません。しかし、緒方さんの発した英語と比べると、"I"の存在は大きく後退し、アメリカ人教官がきれいな扇子を持って講義している「状況」をとらえた英語であることがわかります。小浪先生は、「緒方さんは幼少期を海外で過ごした帰国子女だから、自然に"I"の意識が身についているのだろう」とおっしゃっていました。

「きれいな扇子ですね」という日本語でイメージされているのは、自分と先生、周囲の学生たち、教室、すべてがひとつに溶け込んだ暑い夏の風景全体です。見ているのは"Every one"（みんな）です。"Every one"だからこそ、"No one"（誰でもない）です。そして、"No one"だからこそ、"Someone"（誰でもよい）なのです。

僕は以前、毎週東京と大阪を新幹線で移動し、各地の予備校を飛び回っていました。東海道新幹線の座席は、必ず山側から埋まっていきます。晴れた日は、富士山の全景がきれいに見えるからです。ゴールデンウィーク期間やお盆休み、お正月休みには、客層もガラッと変わり、子供連れが多くなります。東京を出て、およそ四十分過ぎた頃、三島から富士川を渡るまでの区間が、ハイライトです。「あっ、富士山が見える！」という歓声が、あちこちから聞こえてきます。

「富士山が見える」を英語にすると、"I see Mt. Fuji." です。英語ネイティブが "I see Mt. Fuji." と聞いてイメージするのは、見ている "I"（主体）と見られている "Mt. Fuji"（客体）が、左右に対等に配置された図です。つまり、片側に大きな "I" の横顔があり、その視線が、まっすぐもう片側の "Mt. Fuji" に向かっているイメージです。しかし、日本語の「富士山が見える」では、見ている "I" の存在は、ほとんど感じられません。それは、「あなたでも誰でも、ここに来れば見えますよ」という呼びかけなのであり、そこに意識されているのは、自分とあなた方と窓と富士山とによって構成される「全体的状況」です。

「主体」と「客体」を明確にわける英語に対して、日本語は「主客一体」です。いわば「私はあなた、あなたは私」の世界なのです。

ひとりでにそうなった

大学院時代に同じ小浪ゼミで学んだ古い友人であり、日韓比較文化論から出発して、今や押しも押されもせぬ日本評論家となった呉善花《おそんふぁ》さんは、日本語表現における「主体」のなさを、驚きをもって指摘します。呉さんは、『「脱亜超欧」へ向けて』(三交社)の中で、「世界広しといえども、日本人ほど受け身の立場でものを言ったり、物事を考えたり、他者への態度や姿勢をとったりする傾向の強い人たちはいない」と述べています。

たとえば、自分が飲んでいるコーヒーを、よそ見をしているあいだに誰かが飲んでしまったら、韓国人は「あの人が私のコーヒーを飲んだ」と言います。これに対して、日本人は「コーヒーを飲まれてしまった」と、受け身を使うのが普通です。これは、韓国語や中国語、西欧語にもない言い回しで、「迷惑受け身」と呼ぶそうです。「先生に叱られた」、「女房に逃げられた」、「泥棒に入られた」など、自分にとって都合のよくないことが起こったときに使われる受け身表現です。

迷惑受け身だけではありません。日本人は、「働かせていただく」、「帰らせていただく」、果ては、こちらが助ける立場であっても、「助けさせていただく」と、受け身に立ちます。「今あなたに死なれたら困る」と、「死ぬ」まで受け身にしてしまうのです。山麓に家を建てた日本人が、「緑豊かな土地に住まわせていただけるようになり、ありがたいことだ」と言うのを聞いて、自分で家を建てて住んでいるのに、「住まわせていただく」とは、いったいどういうことなのか、と呉さんは問います。

呉さんは、「なるようになる」という日本語の表現に触れ、それは「「おのずから」そうなるということであって、「神がそうさせるから」でもなく、なんらかの主体の作用とは考えられていない」と、指摘します。そして、これを「自然力に対する絶対受け身の思想」と呼んでいます。

丸山眞男は、「歴史意識の古層」という論文の中で、『古事記』や『日本書紀』でもっとも頻繁に使われている語を調べています。そして、それは「なる」だったそうです。「なる」は、『古事記』を背骨のように貫く言葉です。『古事記』の冒頭には、こうあります。「天地《あめつち》はじめて発《ひら》けしときに、高天原《たかまがはら》になりませる神の名は、天之御中《あめのみなか》主神《ぬしのかみ》」——“God”や「丙子」とは、まったく対照的です。天之御中主神は、唯一絶対の創造神ではありません。天地がひらけたとき、「なるがままに」なった神であり、いわば「自然の働きとしての神」なのです。

日本人が「神様」と言うとき（関西人は、改まったとき以外は、まず「神さん」と言います）、そこには二つのイメージがあるようです。ひとつは、すでに述べた、気軽に頼みごとができる「友達神」のイメージ。全国の神社や祠《ほこら》に祀られた神の多くが、友達神です。もうひとつが、自然の働きとしての神です。もっとも、この意味での神には、「お日様」や「お月様」、「お山」、「雷様」などという言葉を使うことのほうが多いように思います。そして、そうした自然の働きとしての神にも、日本人は友達のように親しく頼みごとをします。

ロジックを育んだ自然環境が、およそ厳しい大陸性のそれであるのに対して、日本の自然はおだやかで、親のふところに抱かれているような安らぎを感じさせるものでした。四方を海に囲まれた四季折々の豊かな山河の恵みは、日本人にとって、世界中のどの民族と比べても肯定しやすく、したがって日本人は、自然を「聖なるもの」として受け止め、同化することができました。自然を敵視したり、対象化したりする必要はなかったのです。

「なるがままになる」というのが、日本の思想です。起こってくるすべてのことを、自然の働きが「なるがままになる」ひとつの現れと見るのです。たとえば、われわれ空手家は、「瓦を割った」ではなく、「瓦が割れた」と言います。弓道家も、「矢を当てた」ではなく、「矢が当たった」と言います。一生懸命稽古をして、割ろうとして割り、当てようとして当てているのに、考えてみれば、とてもおかしな表現です。しかし、これも「なる」の思想に照らせば、容易に理解できます。自分が割ったり当てたりするのでも、創造主としての神が割ったり当てたりするのでもなく、自然の働きのひとつとして、瓦が「なるがままに」割れ、矢が「なるがままに」当たる。修行者は、ほんの少しだけ力を添え、その働きが「なるがままになる」手助けをするのです。

先ほどの「富士山が見える」も同じです。富士山が「なるがままに」見えているのです。「雨に降られる」や「風に吹かれる」と言うとき、そこで述べられているのは、やはり全体的な状況です。呉さんの言葉を借りれば、「降る雨と自分がいっしょになって生み出されている場面、吹く風といっしょになって生み出されている場面」です。

刺身のツマとしての自分の働きと、自然の働きがひとつになること。それが、日本人の理想です。「なるようになる」は、こうした日本人の人生観や世界観をよく表しています。あきらめているようで、どこか楽観的、かつ前向きなのです。呉さんによれば、韓国にも同じような言い方はあるものの、もっと自暴自棄的な投げやりの気持ちを表すものだそうです。日本語の「仕方がない」も、「それが自然の働きなのだから、むしろこの結果でよかったのだ」というニュアンスを含んでいます。これを英語にすれば、"That's life."（それが人生さ）か"You asked for it."（自業自得だ）となり、まったくネガティブなニュアンスになってしまいます。

†よろしくお願いします

このように、ヨーロッパ言語どころか、他のアジアの言語と比べてさえ、日本語には「主体」の意識がありません。それがもっとも如実に表れているのが、「敬語」でしょう。日本人は、己を「無」にし、相手によって「尊敬語」や「丁寧語」、「謙譲語」と、言葉遣いを自由に変えます。すでに述べたように、自分や相手の呼称すら変えてしまうのです。

もちろん、英語にも「敬意表現」はあります。英語学研究では、"honorifics"と呼ばれますが、その体系は実にシンプルで、日本語の「敬語」とはまったく異なります。つまり、「"Please"をつけたら丁寧」、「"Would you please"と言えばもっと丁寧」という程度のもので、何より、相手が誰であっても、表現は同じです。水が容器によって形を変えるように、相手との関係によって融通無碍《ゆうずうむげ》に言葉遣いを変えるのは、日本語だけです。

己を虚しくして相手に合わせる日本人の「心の習慣」は、たとえば、「どちらでもいい」という言い回しにもよく表れています。はじめて招かれたアメリカ人のお宅で飲み物を勧められ、"Coffee or tea?"（コーヒー？ それとも紅茶？）と訊かれたら、ほとんどの日本人が、「どちらでも構いません」と答えたくなります。僕が英会話を教えていたときも、生徒さんから「どちらでもよい」を英語でどう言うか、よくたずねられました。

「どちらでもよい」をあえて英語にすれば、"Either is OK."か"Either will do."ですが、決して口にしてはなりません。アメリカ人には、「なんと主体性（自我）のない無責任な人なのだろう」という印象を与えてしまいます。ここは、はっきり"Coffee, please."か"Tea, please."でいいのです。

あるいは、「付和雷同《ふわらいどう》」や「長いものには巻かれろ」と言うように、日本人なら、自分以外の人全員が「コーヒー」と答えているとき、自分だけ紅茶を頼むのは気が引けるものです。つい、「じゃあ、私も」と言ってしまうところですが、それも主体意識（自我意識）のない日本人独特の発想です。"Coffee or tea?"とたずねてきたということは、額面通り、どちらでも用意できるということなのですから、飲みたい方を答えればいいのです。"No, thank you."と断っても、何の問題もありません。

「よろしくお願いします」も同じです。これを直訳し、アメリカ人に"Please continue to help me."と伝えたら、ただ他人に依存して生きるだけの無力で無責任な人という印象を与えてしまいます。視覚障害者が盲導犬を連れて歩いている姿を見て、日本人の母親なら、子供に「かわいそうね、困っていたら助けてあげるのよ」と教えます。しかし、アメリカ人の母親なら、「がんばってるね、見習わなきゃね」と言います。

やはり、アイデンティティ――"I"の自立性、主体性が、無意識のうちに前提されているのです。

母語として日本語を使い続ける以上、日本人が、本当の意味で"I"の意識を持つことは、不可能です。しかし、だからこそ、精一杯理解しようとしなければなりません。"I"と"You"は、お互いにわかり合えない。その"I"と"You"が、言葉を尽くして説得し、互いに理解し合おうとする「心の習慣」が、ロジックです。小浪先生の「"I"で始まる表現から教えるべき」という提言には、一理も二理もあると、僕は思います。文部科学省は、早期英語教育など愚かなことを考える前に、真剣に検討してみてはどうでしょうか。

ハラ芸

日本語は、"I"も"You"もない「主客一体」の世界です。だからこそ、「言わぬが花」です。みなまで言う必要はないのです。こうした日本独自のコミュニケーションを、「ハラ芸」と言います。

日本人は、わざわざ言葉にしなくても、「ハラ」でわかり合うことを「愛《うつく》しい」としてきました。それを「甘え」としたのは、土井《どい》健郎《たけお》です。

こうしたハラ芸が、英語ネイティブにとっては"telepathy"ということは、すでに述べました。**ハラ芸は「非論理的」(illogical)なのではありません。「前論理的」(pre-logical)です。**英語的なロジックとはまったく別次元のスーパー・コミュニケーションなのです。

ハラ芸では、本当のことを言うとは限りません。ウソ(タテマエ)を言うこともあります。ホンネ(ハラ)は決して口にはせず、墓場まで持っていくこともあります。ホンネとタテマエを駆使して、丁々発止のやり取りをするのが、ハラ芸です。

国際的なビジネスや交渉のマナーが、英語に基づくものである以上、当然、そこでは「甘え」は通じません。そうした英語的コミュニケーションの影響で、ハラ芸が使えない日本人が増えてきているようです。

かく言う僕自身、痛い経験があります。僕は今、生まれ故郷である兵庫県の三木市で暮らしています。自然のいのちがありのままに生きている小さな田舎町です。先日、かかりつけの鍼灸院に行ったときのことです。ちょうど、夕飯どきでした。診療台に横たわり、施術を受けている僕に、鍼灸師の先生が、「カレーとオムライスなら、どっちが好き？」とたずねてきました。僕は、何も考えず、正直に「カレーです」と答えました。

するとし、驚いたことに、帰り際、治療代のおつりと一緒に、宅配されたばかりのカレーを手渡されたのです。「はい、牛タンカレーです。近所で有名な洋食屋さんなんですよ。家に帰ったら、チンして食べてくださいね」と言われ、ようやくさっきの質問が、「これから洋食屋さんに、横山さんの分も合わせて宅配を頼もうと思うが、カレーとオムライスのどちらを食べたいか」という意味だったことを理解したのです。

正直に言うと、僕は牛タンが苦手で、その夜は、かなり苦労して牛タンカレーを食べる羽目になりました。いつもの僕なら、「いや、それは悪いです」とか、「そんなお気遣いはなさらないでください」と返せたはずなのですが、ちょうどその週は、ずっと英語関係の仕事をしていて、つい英語的な頭の使い方をしてしまったのだと思います。

「カレーとオムライスなら、どっちが好き？」が、「どちらか食べたいほうをおごってあげる」という意味になり、「それは悪いです」が「どちらもいりません」、「カレーです」が「カレーをいただきます」になる。まさに、外国人にしてみれば、摩訶不思議な「テレパシー」です。もう、こんな面倒くさいことはやめて、「日本人のハラ芸を完全にロジックにしてしまえばいい」と思われるかもしれません。しかし、それは不可能です。言語と「心の習慣」は表裏一体です。日本語を使い続ける限り、そのコミュニケーションがロジカルになり切ることはありません。

実際、もっとも近代化（英語化）が進んでいる若者のあいだでも、「察し」のできない人は、「KY」（空気読めない）といって嫌われます。やはり、ハラ芸を使っているのです。たとえば、電車に乗っていて、左右にそれぞれ一人分ずつ空いているとき、たまたま二人連れが乗り込んできたら、どうするでしょうか。日本人なら、間違いなく席を詰めるはずです。しかし、英語の世界では、そうしてくれと言われない限り、まず席を詰めたりはしません。それがロジックなのです。

†高コンテクストと低コンテクスト

最後に、アメリカの文化人類学者エドワード・T・ホール博士の「高コンテクスト」と「低コンテクスト」について触れておこうと思います。日本人のハラ芸を論じると、文化人類学を学んだ方から、よくナイーブに、「ああ、要するに高コンテクストということですね」と言われてしまうからです。

ホール博士は、「コンテクスト」というパラダイムで、世界の国々の文化を分類しています。コンテクストとは、直訳すれば「文脈」です。それへの依存度が高い文化が「高コンテクスト」、低い文化が「低コンテクスト」です。ホール博士の「コンテクスト」は、よく目や顔の表情、姿勢、ジェスチャーなどの非言語コミュニケーションと混同されますが、そうではありません。

ホール博士は、「コンテクスト」を「常識の貯水池」、「高コンテクスト」を「同質的」と定義しています（『地域研究の現在』チャルマーズ・ジョンソン／中嶋嶺雄編著、大修館書店）。平たく言えば、高コンテクストな社会とは、そこに住む者たちが、みな似たような社会的経験を持っているため、言葉で説明しなくても、彼らが共有する「常識」によって、行為や出来事に意味が与えられてしまう社会です。

ホール博士によれば、ラテン系（イタリア、スペイン、フランスなど）やアジアの国々では、「常識の貯水池」は大きく、その文化は高コンテクストです。一方、アメリカやドイツなど、移民国家では、さまざまに異なる下位文化（故国の文化）を持つ者が集まっており、必然的に、彼らのあいだで共有される「常識の貯水池」はとても小さくなります。つまり、低コンテクストです。

たとえば、ホール博士は、アメリカで一緒に仕事をしていたフランス人政治学者が、中央から地方への配属替えになったときのエピソードを語っています。そのフランス人は、「地方への配属替え」という出来事を「左遷」と解釈してしまったというのです。日本でも、中央から地方に異動になったら、まず左遷や肩叩きの意味に受け取られます。そのような「常識」が共有されているわけです。しかし、アメリカでは、中央とは単にコンセンサスがつくり出される公的な場であるに過ぎません。アメリカ人にとって、配属替えは配属替えであって、それ以上のものでも、以下のものでもありません。それが左遷であるなら、そう言葉で説明してはじめて、左遷の意味を持ちます。ホール博士は、懸命にそのフランス人を説得しようとしましたが、かたくなに聞き入れなかったそうです。

ここで注意しなければならないのは、「高コンテクスト」＝「プレロジカル」、「低コンテクスト」＝「ロジカル」ではないということです。ヨーロッパ言語は、構造的にきわめてロジカルです。ホール博士が高コンテクストだとするイタリアやスペイン、フランスの言語も、低コンテクストなアメリカやドイツのそれと同じようにロジカルです。ただ、アメリカやドイツとは違って、たとえばフランスでは、共有される「常識の貯水池」＝「コンテクスト」への依存度が高いというだけなのです。

フランス人のコミュニケーションは、高コンテクストですが、ロジカルです。事実、ホール博士自身が、ある日本人女性がはじめてフランスを訪れたとき、自分の感情や願望を理解してもらうには、すべてを明確に言語化しなければならないことを知り、衝撃を受けた、というエピソードを紹介しています。

ホール博士の分類で、もっとも高コンテクストとされているのは、日本です。日本は、ほとんど完全な単一民族国家ですから、それは驚くべきことではないのですが、その文化は、フランス文化とは違って、高コンテクストであると同時にプレロジカルです。まさに、世にもめずらしい文化なのです。

第二章　ロジカル・コミュニケーションのポイント

†日本語でロジックを運用することの限界

ここから、英語のロジックとは何かを学び、その具体的な運用のトレーニングをしていくことにしましょう。しかし、本来日本語でロジックを使うことには、かなりの無理があります。日本語は、ハラ芸の道具です。**日本語でロジックを使うのは、たとえて言えば、羽根突きの道具でテニスをするようなものです。**ロジックの道具立てが、日本語にはなさすぎるのです。

すでに述べたように、ロジックの出発点は、アイデンティティの意識であり、「"I"

と“You”はわかり合えない」という前提です。ですから、英語は「形《かたち》」で使うことができる言語です。「誰が、いつ、どこで、どう」使っても、意味が変わることのない「形」を持っています。

この「形」のシンプルさこそ、数あるヨーロッパ言語を出し抜き、英語が国際語になった最大の理由です。フランス語やドイツ語など、他のヨーロッパ言語と比べると、英語には、名詞や代名詞の「性の区別」がありません。また、「直説法」や「条件法」、「接続法」、「命令法」など、わずらわしい「動詞の活用」もありません（英語は事実上「直説法」のみ、つまり「動詞の活用」は一種類のみです。「仮定法」もあるにはありますが、有名無実で、「直説法」の時制をずらして使っています）。

これは、かつてイギリスが世界の四分の一を支配した巨大帝国としての歴史を持つからでしょう。多様な言語的・文化的背景を持つ人々が「共通語」として使えるようにするために、ロジック運用に必要最小限の道具だけを残して、大リストラを断行したのです。さらに英語は、雑多な移民から成る多民族国家アメリカで、相互理解のツールとして一層磨きをかけられます。英語（米語）は、ヨーロッパ言語を極限までシンプルにした、いわばミニマリズムの結晶なのです。

その英語が残した「ロジックの道具」とは、「数」（名詞の単複）、「冠詞」、「動詞の人称変化」、そして「時制」です。これらの「論理指標」についての詳しい説明は、『高校生のための論理思考トレーニング』をお読みいただくこととして、ロジックでは、何より「主語」を明確にしなければならないため、必然的に「名詞」や「代名詞」が多用されます（主語には名詞しかなれません）。ですから、その名詞が単数か複数かの区別や、その名詞につく冠詞の有無や種類が、非常に重要になってきます。

名詞につく冠詞も、雄弁に「時系列」を伝えます。"a"は「新情報」の合図です。"a＋名詞"であれば、見ただけ、聞いただけで、それが「まだ述べられていない情報」であることがわかります。そして、「ああ、この人は、これからこの名詞について、詳しく説明していくのだなあ」と、構えることができます。逆に、"the"は「旧情報」の合図です。"the＋名詞"なら、それだけで「すでに述べられた情報」であることがわかるのです。

日本語は、もともとハラ芸の道具です。ですから、こうした論理指標はまったくなく、したがって、日本語で完全にロジックを操ることは不可能なのですが、それを十分に知った上で、あえて羽子板でテニスをしようというのが、この本で、僕がみなさんと取り組んでみたいことなのです。

三角ロジック

図1を見てください。

これを「三角ロジック」と呼びます。僕は、大学時代、ESS（英語研究会）に所属して、本格的にアカデミック・ディベートを学びました。ディベートというのは、簡単に言えば、「ある一つの命題をめぐって、賛成と反対の二つの陣営にわかれて、徹底的に議論を戦わせる知的ゲーム」です。ただ、議論といっても、何でもありのケンカではありません。よく「言葉のボクシング」にたとえられるように、ディベートには、厳密なルールがあります。その根幹にあるのが、三角ロジックです。

三角ロジックこそ、英語ネイティブの「心の習慣」です。英語ネイティブは、無意識のうちに、三角ロジックにしたがって、ものを考えています。ディベートとは、こ

図1　三角ロジック

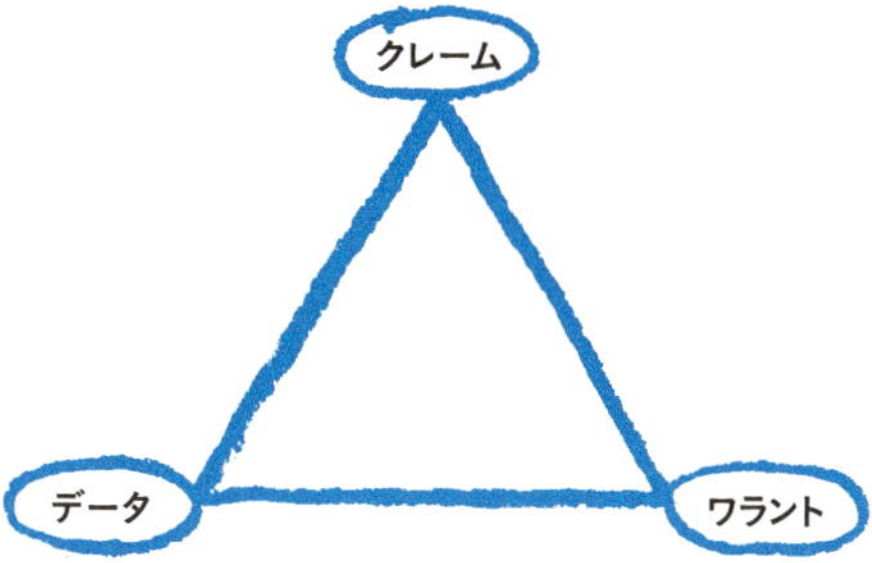

のロジックを使って、いかに上手に話し、聞き、文章を書き、読むか、の具体的な方法なのです。英語コミュニケーションを煎じつめ、純粋培養したものと言ってもいいでしょう。

ちなみに、僕が学生ディベーターだった一九八〇年代には、まだ「三角ロジック」という呼称はありませんでした。このネーミングは、日本に英語ディベートを普及させた最大の功労者、松本道弘《まつもとみちひろ》先生によるものです。

三角ロジックは、スティーヴン・トゥールミンというイギリスの哲学者が提唱した思考モデル（トゥールミン・モデル）のエッセンスを、シンプルに実用化したものです。トゥールミンは、いわゆる「クリティカル・シンキング」の生みの親と言われる人です。

クリティカル・シンキングとともに、日本で広くトゥールミンの名が知られるようになったのは、三角ロジックよりだいぶあと、二十一世紀に入ってからのことですが、三角ロジックは、トゥールミン・モデルそのものではありません。あくまで「ディベート」という異なる文脈で、独自の意味づけを与えられてきたものです(トゥールミン・モデルの側からは、「三角ロジックは、不完全で非本質的だ」という批判もあります)。僕が『高校生のための論理思考トレーニング』で三角ロジックを紹介してから、論理思考がわかりやすく、日本人により身近になったと過分な評価をいただく一方で、「三角ロジック」＝「トゥールミン・モデル」という短絡的な誤解も多くなってしまいました。僕の三角ロジックを、そのままトゥールミン・モデルだとして解説する人も多いようです(僕自身は、ひとこともトゥールミンに言及していないにもかかわらず、です)。

さらに付け加えると、僕の語る三角ロジックは、ディベート原論をより日常的なレベルで、独自に展開したものです。とりわけ、「論証責任」の定義やワラントの機能は、完全に僕のオリジナルであることをお断りしておきます。

図2

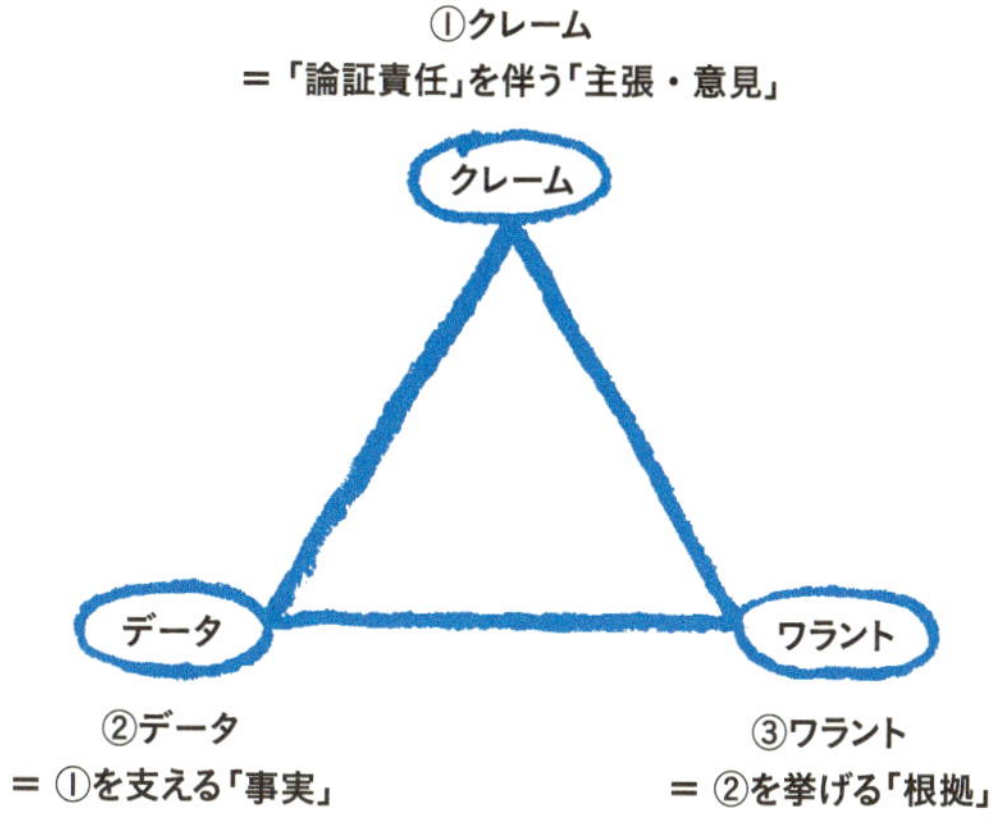

「論証責任」の条件

それでは、英語ネイティブの「心の習慣」である「三角ロジック」を、もっと丁寧に説明してみましょう。図2を見てください。

クレーム：論証責任

まず、①の「**クレーム**」です。日本語で「クレーム」というと、「文句」とか「異議申し立て」のことですが、ディベートでは、「主張」あるいは「意見」という意味です。

ただ、何でも言えば主張になるというわけではなく、「**論証責任**」を含んでいることが、その条件になります。論証責任とは、"How and why?"（どのように、なぜ？）を論証する責任です。

英語ネイティブ同士のディベートを聞いていても、「なぜですか？　それはあなたの論証責任です」といった切り返しを、よく耳にします。ところが、ディベートの教科書のどこを探しても、その定義は出てこないのです。それは当然と言えば当然で、ディベートの教科書は、アメリカ人がアメリカ人のために書いたもの（あるいはその翻訳）です。アメリカ人にとっての「当たりまえ」＝「心の習慣」は、それこそ無意識的な前提となってしまっているのです。

われわれ日本人も、ふだん「何が意見になるか」を意識して意見を述べているわけではありません。まさに、そこが「心の習慣」の「心の習慣」たるゆえんで、何が「意見」となり「主張」となるかは、無意識（心の習慣）が決めているということです。

実は、英語では、「クレームかどうか」は、「意味」ではなく、「形」で決まります。その詳しい説明は、英語を使わなければできませんので、『高校生のための論理思考トレーニング』をお読みいただくとして、「誰が、いつ、どこで、どう」使っても、

疑問の余地なく「意見だ」とわかるように、明確にクレームの「形」が決まっているのです。

たとえば、**ロジックの世界では、「過去形はクレームにならない」＝「クレームは現在形で述べられる」というルールがあります。**過去形で話されたこと、過去形で書かれたことは、意見にはなりません。もっと言えば、「過去形」は「現在との対比」で用いられます。つまり、"He was a good boss."（彼はいい上司だった）という発言があった場合、聞き手（英語ネイティブ）は、「しかし、今はいい上司ではない」というニュアンスを即座に受け取り、やがて現在形に転じて、その逆の内容（クレーム）が述べられるのを待ちます。ちなみに、「ずっとそうだ」という継続のニュアンスを出したい場合は、「現在完了形」が用いられます。"He has been a good boss."と言えば、「彼は（今も昔も）ずっといい上司だ」ということです。つまり、英語における過去形と現在完了形の使いわけは、「今でもそうかどうか」で行われるということです（当然、現在完了形はクレームをつくります）。

一方、日本語では、過去形で堂々と意見が述べられます。日本語で「あの人はいい人だった」と言えば、ほとんどの場合、本当に「いい人だったと思う」という褒め言葉です。かと思うと、英語と同じように「今は人が変わってしまった」という非難をニュアンスすることもあります。結局、その解釈は、ハラにゆだねられてしまうのです。

そもそも、すでに述べたように、「過去形」という概念は、明治以降の言文一致政策の中で生まれたものです。現代国語では、「た」が「過去を表す助動詞」とされますが、実は、必ずしも英語の「過去形」とは呼応しません。たとえば、「今日の約束は八時でよかった?」を英訳するとき、過去形にはできないはずです。「これから起こること」なのですから「未来形」か、せめて「現在形」にしなければなりません。

このように、英語なら一目でわかるクレームの「形」が、日本語ではまったく通じないのです。そこで、僕が『高校生のための論理思考トレーニング』で提示した「日本語でロジックを扱う際のクレーム」の定義は、「文尾に「~と思う」と付け足すことができる発言」でした。たとえば、急に高熱が出て、会社に電話で欠勤を申し入れようとしているとします。日本人なら、開口一番、「すみません、昨日から熱が三十八度もありまして」と切り出すでしょう。すると、向こうはすべてを察し、「それはいけませんね。どうぞお大事に」と答えます。しかし、「三十八度の熱がある」は、客観的な事実であって、クレームではありません。ここでのクレームは、「会社を休みたい（と思う）」です。ロジックでは、まずクレームを伝えます。「会社を休みたい（と思う）」と伝えてはじめて、相手は「なぜですか？」とか「どうかなさいましたか？」と応じます。これが、英語的《ロジカル》コミュニケーションです。

たとえば、「この映画は面白そうだ（と思う）」は、クレームです。英語ネイティブなら、「どのように面白そうなのですか？」とか「なぜそう思うのですか？」とたずねてきます。それが、クレームを口にした者の論証責任だからです。

もちろん、英語ネイティブでも、実際のコミュニケーションでは、「場」や相手との「関係性」によっては、"How and why?"を求めずに、"I think so, too."（私もそう思います）とか、"I agree."（同感です）などと返答することはあり得ます。たとえば、恋人同士で喫茶店に行き、ケーキを食べていて、彼女が「ここのケーキ、おいしいわね」と発言したとき、彼氏が理由を求めることなく、「オレには甘すぎてムリかな」

と返答することも、当然あるでしょう。二人は、すでにお互いの好みをよく知っているからです。

しかし、ディベートにおける「ロジック」とは、「場」や「関係性」を一切考慮しない「形式論理」のことです。**相手が口にした論証責任に対しては、機械的に"How and why?"と説明を求め、自分も口にした論証責任は果たす。**ディベートは、形式論理の世界で戦われる「言葉のボクシング」です。その訓練ができていなければ、「場」も「関係性」もないのです。

ちなみに、Twitterで日本人のツイートを読んでいると、そのほとんどが論証を要するクレームばかりであることに、驚かされます。「○○ラーメン、激ウマ」（どのように、なぜ激ウマだと思うのか）、「○○のCM、超カッケー」（どのように、なぜカッケーと思うのか）、「○○の授業、マジ使えねー」（どのように、なぜ使えねーと思うのか）など、まさに論証責任のオンパレードです。

「言論の自由」とは、「何を言ってもいい」ということではありません。英語の世界では、論証できないことを意見として口にしてはならないのです。論証責任を果たさない言論を、英語ネイティブは「無責任な放言」として、心の底から軽蔑します。論証責任を果たす限りにおいて、どんな意見もひとつの意見として尊重する。それが、本当の「言論の自由」です。

論証：データとワラントを挙げる

では、クレームを口にした（あるいは文字にした）ことによって生じる論証責任は、どのように果たせばいいのでしょうか。改めて、「この映画は面白そう（だと思う）」というクレームを考えてみましょう。

かつて僕が英会話学校で講師を務めていたとき、非常に興味深かったことがあります。生徒がクレームを口にしたときの、日本人講師とアメリカ人講師の反応の違いです。日本人講師が「この映画は面白そうだ（と思う）」という生徒の発言を聞くと、決まってパロディのようなオーバーアクションで、"Oh, is that right?"（あら、そうなの?）とか、"Then I should check it!"（じゃあ、私も見なきゃ！）などと応じます。英語でハラ芸を使っているのです。アメリカ人講師なら、もちろん、ごく自然に、"Why do you think so?"（なぜそう思いますか？）と返します。

また、僕が生徒からもっともよく受けた質問のひとつが、「『だってそう思うから』を英語でどう言うのか」でした。「だってそう思うから」に当たる英語はありません。これを直訳し、ビジネスの交渉の場で"Because I think so."などと言おうものなら、ビジネスマンとしての信用を大きく損ねることになるでしょう。論証責任の放棄にほかならないからです。

ロジックの世界における論証は、実に明快です。もう一度、図2を見てください。クレームをつくってしまったら、次に必ず「データ」と「ワラント」を挙げます。ただそれだけです。シンプルきわまりないことなのですが、「言わぬが花」のハラ芸に慣れてしまっている日本人には、これがなかなか一筋縄ではいかないのです。

データとは、「事実」です。まずひとつ、事実を述べるのです。「事実」は、無数に存在します。「アメリカは一七七六年に建国した」も事実なら、「横山雅彦は男性だ」も事実です。とにかくひとつ、事実を挙げます。

「なぜ、この映画は面白そうだと思うのか」と問われて、すぐに答えられるなら、よ

図3

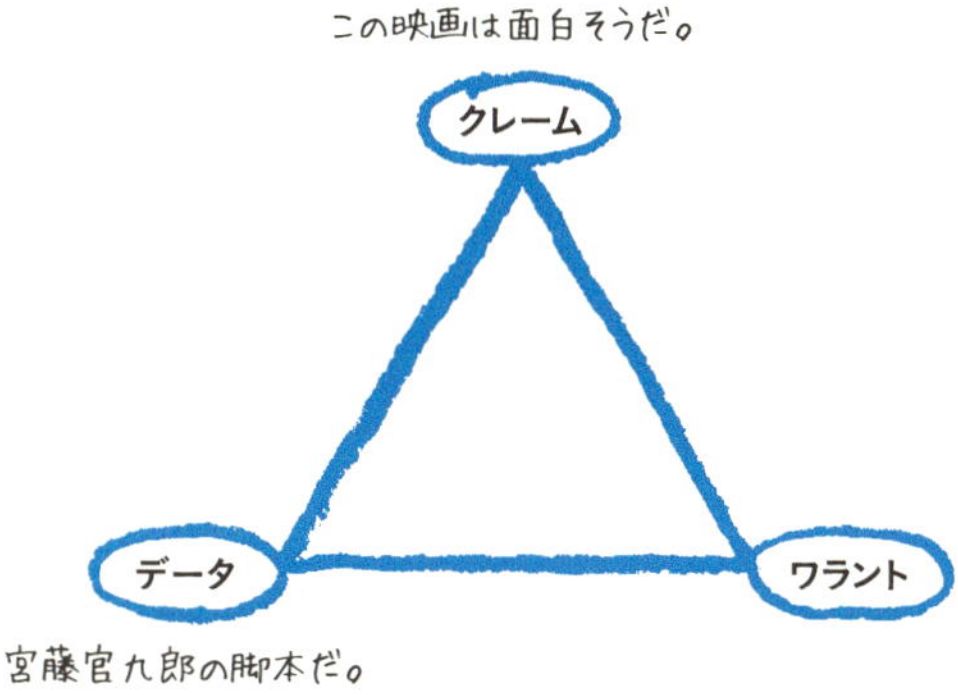

ほどの上級者です。ＴＯＥＩＣ九百点台の英語学習者でも、多くは答えに窮してしまいます。やはり、英会話学校で興味深いと思ったことですが、アメリカ人講師の場合、ここから巧みな誘導尋問が始まります。「誰が主演なのですか？」「監督は誰ですか？」「誰が脚本を書いたのですか？」と、矢継ぎばやにたずね、「宮藤官九郎《くどうかんくろう》の脚本だ」という答えを得たとします。すると、ここでいったん「ああ、なるほど。宮藤官九郎という人の脚本なのですね」と納得します。データが出たのです（図3）。

　もちろん、これだけでは、まだ論証は終わっていません。ワラントがないからです。ワラントとは「根拠」のことです。「この映画は面白そうだ」

というクレームと「宮藤官九郎の脚本だ」というデータの「つながり」がはっきりしないのです。なぜ、「宮藤官九郎の脚本だ」という事実をデータにするのでしょうか。無数にある事実の中から、わざわざ「宮藤官九郎の脚本だ」というデータを選び出すのはなぜなのでしょう。

アメリカ人講師は、さらに「その人は他に映画を手がけていますか？　それらの映画を見ましたか？　面白かったですか？」と、質問を重ねていきます。生徒の口から聞き出したいことは、ただひとつ、「宮藤官九郎の脚本にハズレはない」です。そう言ってくれなければ三角が成り立たないのです（図4）。「宮藤官九郎の脚本だ」をデータにするなら、ワラントは「宮藤官九郎の脚本にハズレはない」しかあり得ません。「これまで見てきた宮藤官九郎作品にハズレはなかったから、今度も面白いに違いない」という論法です。アメリカ人講師は、そのワラントを補い、三角ロジックが完成するよう、誘導していくわけです。

ワラントのないデータは無効です。したがって、ディベートであれば、"So what?"（だから、何？）で終わりです。しかし、さすがにお客さんである英会話学校の生徒を、

図4

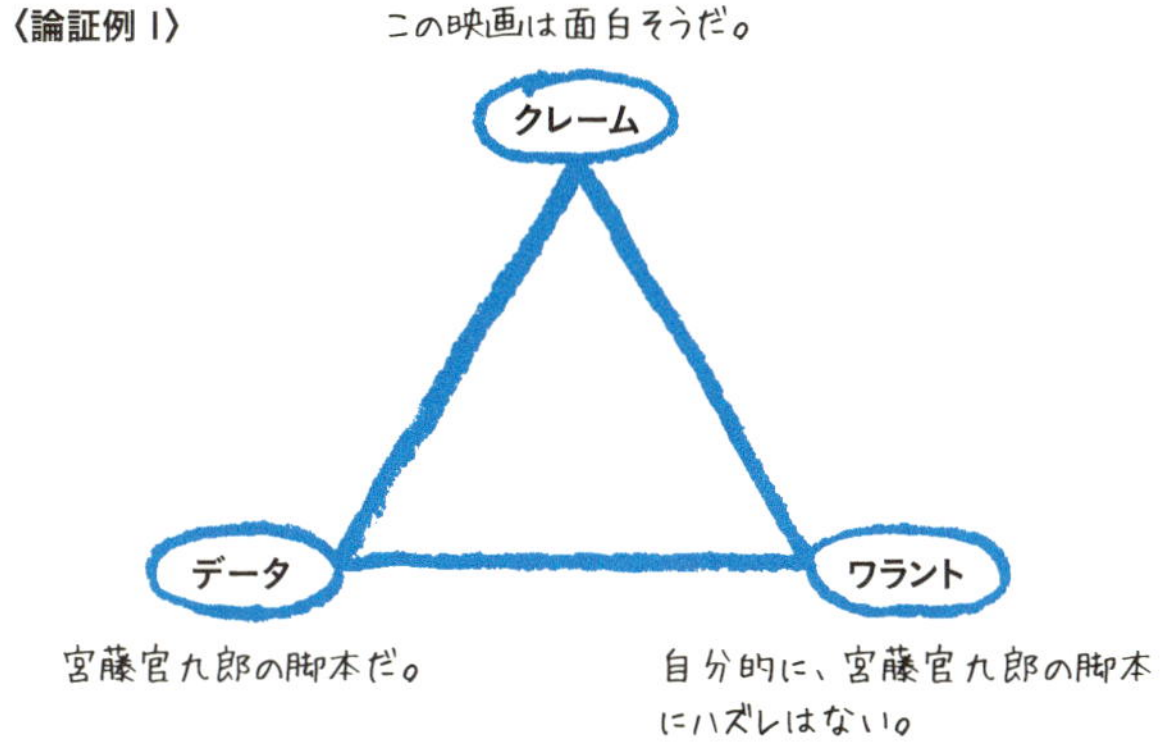
〈論証例1〉
この映画は面白そうだ。
クレーム
データ
ワラント
宮藤官九郎の脚本だ。
自分的に、宮藤官九郎の脚本にハズレはない。

"So what?" で斬って捨てるわけにもいきませんから、自ら主導して三角ロジックを組み立てようとするのです。僕には、教育目的の誘導尋問というより、むしろ「心の習慣」による無意識的な反応であるように思えました。

このように、データとワラントは不可分です。**ワラントのない事実は、データとは認められません。**ディベートにおける「データ」とは、「ワラントのあるデータ」のことだと言ってもいいでしょう。同じように、データとワラントのないクレームもありません。つまり、**クレームとデータとワラントは、三位一体です。**三角ロジックが成立してはじめて、ひとつの意見として認められるのです。

図5

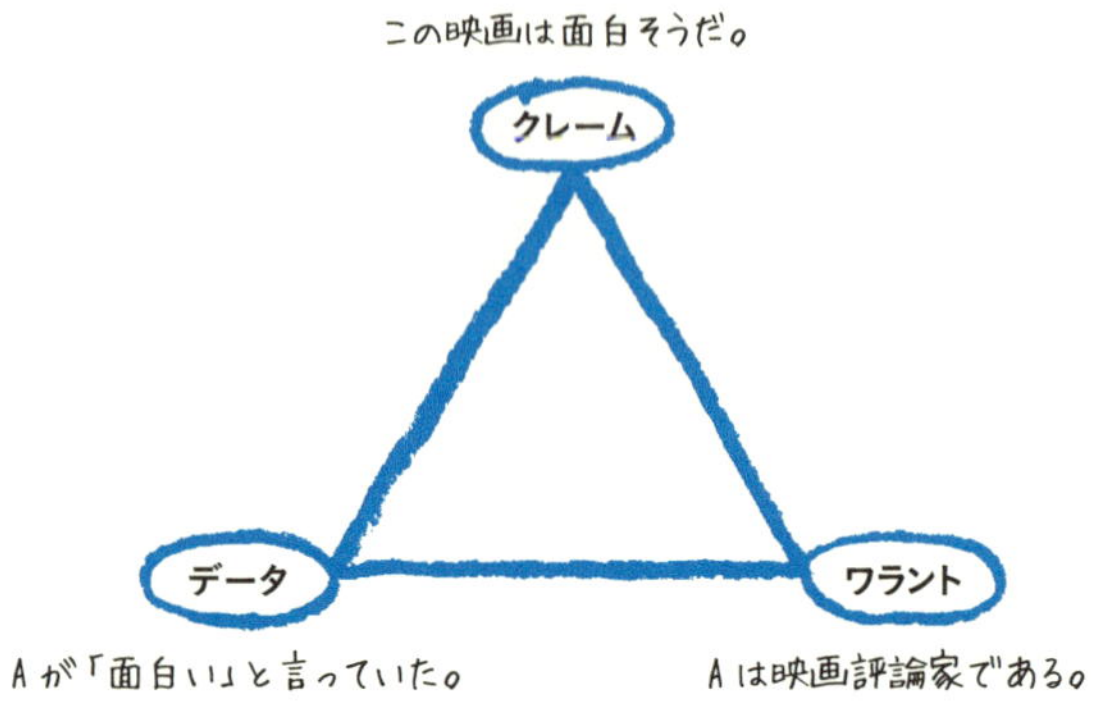
この映画は面白そうだ。
クレーム
データ
ワラント
Aが「面白い」と言っていた。
Aは映画評論家である。

ここで間違ってはならないのは、必ずしも相手が「この映画は面白い」という意見に同意したわけではない、ということです。単に、「ひとつの意見として成立した」ということです。それこそが「言論の自由」です。「面白くなんかない」と思うなら、反論すればいいだけですし、こちらも、もっと説得力のあるデータとワラントを提示し、それに応じる。それが、ディベートです。

「この映画は面白そうだ」というクレームは、たとえば図4のように論証できるわけですが、『高校生のための論理思考トレーニング』では、ひとつの命題（クレーム）に対して、少なくとも三通りの論証をするトレーニングをしました。

図6

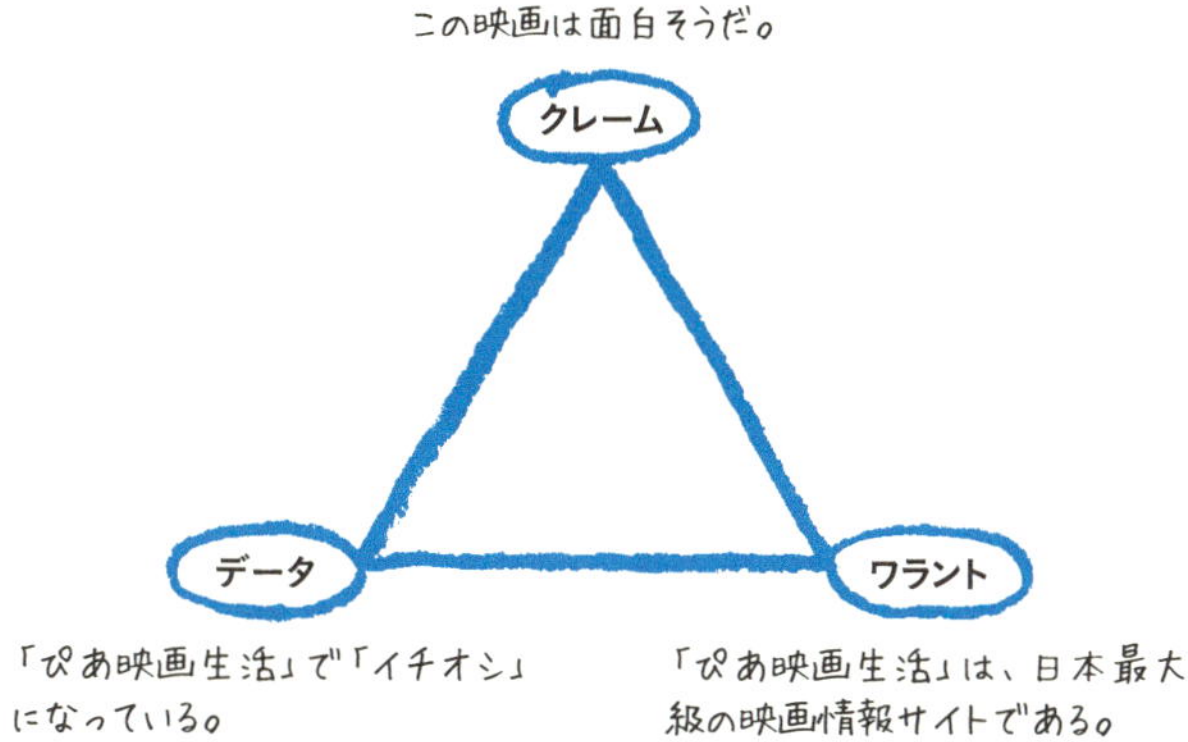
この映画は面白そうだ。
クレーム
データ
ワラント
「ぴあ映画生活」で「イチオシ」になっている。
「ぴあ映画生活」は、日本最大級の映画情報サイトである。

ここでも、あと二つ、異なる論証を考えてみましょう。

図5と図6を見てください。それぞれ、図4とはまた違った論証で、三角ロジックが成り立っています。いずれも、ひとつの意見として認められるわけです。

しばしばワラントは省略される

さて、図5と図6の論証では、相手によっては、**ワラントを省略することが可能**です。図6のワラントは、日本人の若者が相手なら、おそらく不要です。「「ぴあ映画生活」は日本最大級の映画情報サイトである」ということは、多くの若者にとっては、ほとんど常識だからです。

もちろん、「ぴあ映画生活」を知らない若者もいるでしょう。また、相手が年配の方であったり、日本事情に詳しくない外国人であったりする場合は、このワラントが必要です。

また、図5のワラントも、「Aは映画評論家である」ことが、相手とのコンセンサス（合意事項）である場合は、省略することができます。Aが日本人なら知らない人はいないくらい有名な映画評論家であれば、少なくとも日本人相手に、「Aは映画評論家である」というワラントは要らないでしょう。

つまり、ワラントは、相手によって、置かれたり、置かれなかったりする、ということです。ただし、大人のスピーキングやライティングでは、ほとんどの場合、ワラントは省略されると考えてください。話すにせよ、書くにせよ、歴史や文化、社会情勢に関して、大人同士のやり取りに、ある程度のコンセンサスが前提されるのは、当然のことだからです。学術的な議論やビジネスにおける交渉では、当然、それら専門分野の知識が前提となるでしょう。

†議論の進め方

日本人がロジックを使うとき、ある意味、自分の意見を述べること以上に難しいのが、反対意見を述べることです。たとえば、予備校の教材会議で、僕はしばしばこんな対応を受けて、閉口することがありました。

司会者　今年度の英語の教材について、もし何か問題点などありましたら、ここで検討したいと思います。横山先生、いかがですか。

横山　そうですね、選抜クラスの精読のテキストなんですが、これは改訂した方がいいように思います。

司会者　A先生、どうですか。

講師A　いや、私は、これでまったく問題ありません。

講師B　私もです。

横山　僕は、分量が多すぎるように思うんですよね。

講師B　私は、とても使いやすいと感じています。
講師A　同感です。分量もちょうどよく、使いやすいテキストだと思います。
司会者　横山先生、A先生もB先生もこうおっしゃっていますし、とりあえずあと一年、様子を見る、ということで、いかがですか。

わかるでしょうか。司会者から「何か問題点はないか」と水を向けられ、僕が「精読のテキストを改訂した方がいいと思う」と、クレームを述べています。英語的《ロジカル》コミュニケーションでは、司会者が「なぜそのように思われるのでしょうか」とたずね、僕がデータとワラントを述べるまで、他の参加者は、じっと黙っていなければなりません。僕は、まだ論証責任を果たしておらず、したがってまだ意見を述べたことにはなっていないのです。

ところが、司会者は僕に論証を求めず、それどころか、講師Aに「どのように、なぜ問題ないのか」という新たな論証責任を伴うクレームを発言することを許しています。僕は、途中で「分量が多すぎる」というデータを挙げ、なんとか三角をつくろう

図7

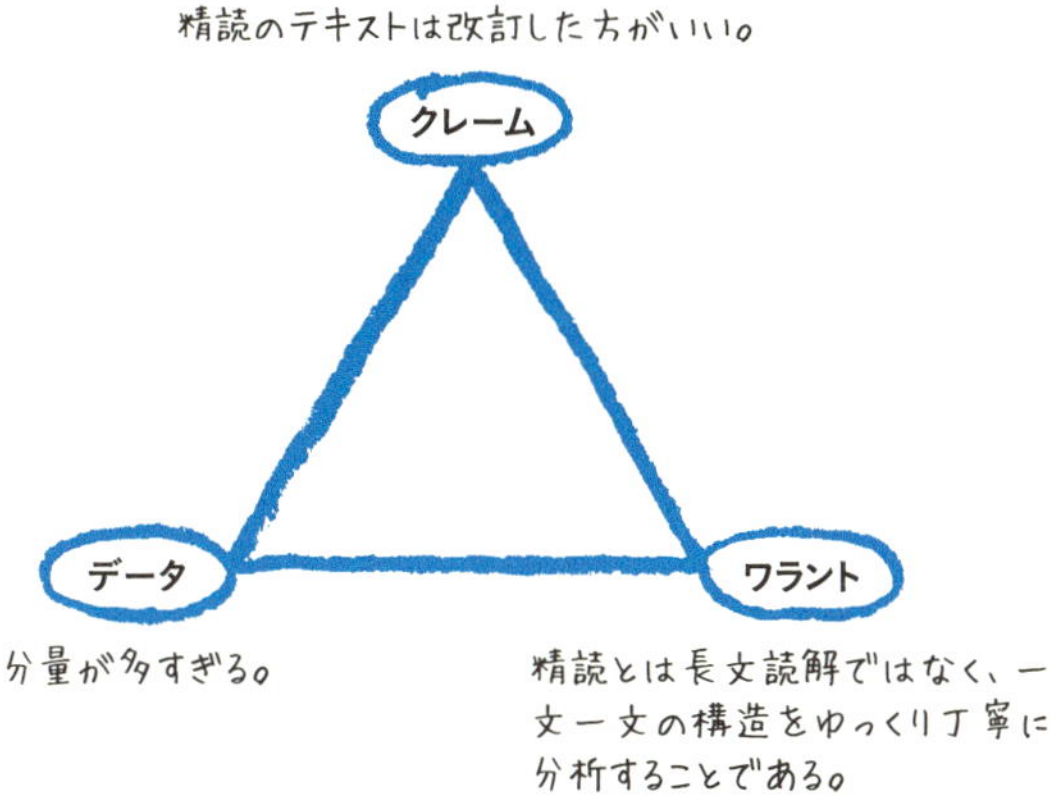
精読のテキストは改訂した方がいい。
クレーム
データ
ワラント
分量が多すぎる。
精読とは長文読解ではなく、一文一文の構造をゆっくり丁寧に分析することである。

としますが、ふたたび講師Bが「使いやすい」、講師Aが「分量もちょうどよい」と、続けざまに新たなクレームを述べます。そして、最後に、司会者が「多数決」を取って、「改訂しない」という結論を出してしまいました。

僕が立てていた三角ロジックは、図7のようなものです。

もしこの会議がロジカルに行われていたら、このように議論が進んだはずです。

司会者　今年度の英語の教材について、もし何か問題点などありましたら、ここで検討したいと思います。横山先生、いかがですか。

横山　そうですね、選抜クラスの精読のテキストなんですが、これは改訂した方がいいように思います。

司会者　具体的には？（データを求める）

横山　分量が多すぎるように思うんです。（データを提示）

司会者　と、おっしゃいますと？（ワラントを求める）

横山　精読というのは、長文読解とは違い、一文一文の構造をゆっくり丁寧に分析することです。（ワラントを提示）

もし講師Aや講師Bが、僕の意見に反論したければ、ここから発言が許されることになります。では、ロジカルな反論（反論とは、ロジカルに反対することであって、反論にロジカルを冠するのは冗語なのですが）とは、どのようにすればいいのでしょうか。

†反論する方法

日本人が相手の意見に反論するとき、しばしば先ほどの講師Aや講師Bのように、相手のクレームそのものを全否定してしまいます。たとえば、こんな感じです。

A　あそこのラーメン、めちゃくちゃウマいよね。
B　マジで？　お前の舌、腐ってんじゃねーの？

ロジックの世界では、クレームそのものを攻撃することは、個人攻撃であり、人格攻撃です。どんなに愚かに思えても、**クレームはクレームとして尊重する。それが、「言論の自由」の大原則です。**

ロジックで相手の意見に反論するには、二つの方法があります。「**反駁《はんばく》**」と「**アンチテーゼ**」（正しくは「アンチテーゼの提示」とすべきですが、ここでは単に「アンチテーゼ」とします）。

図8

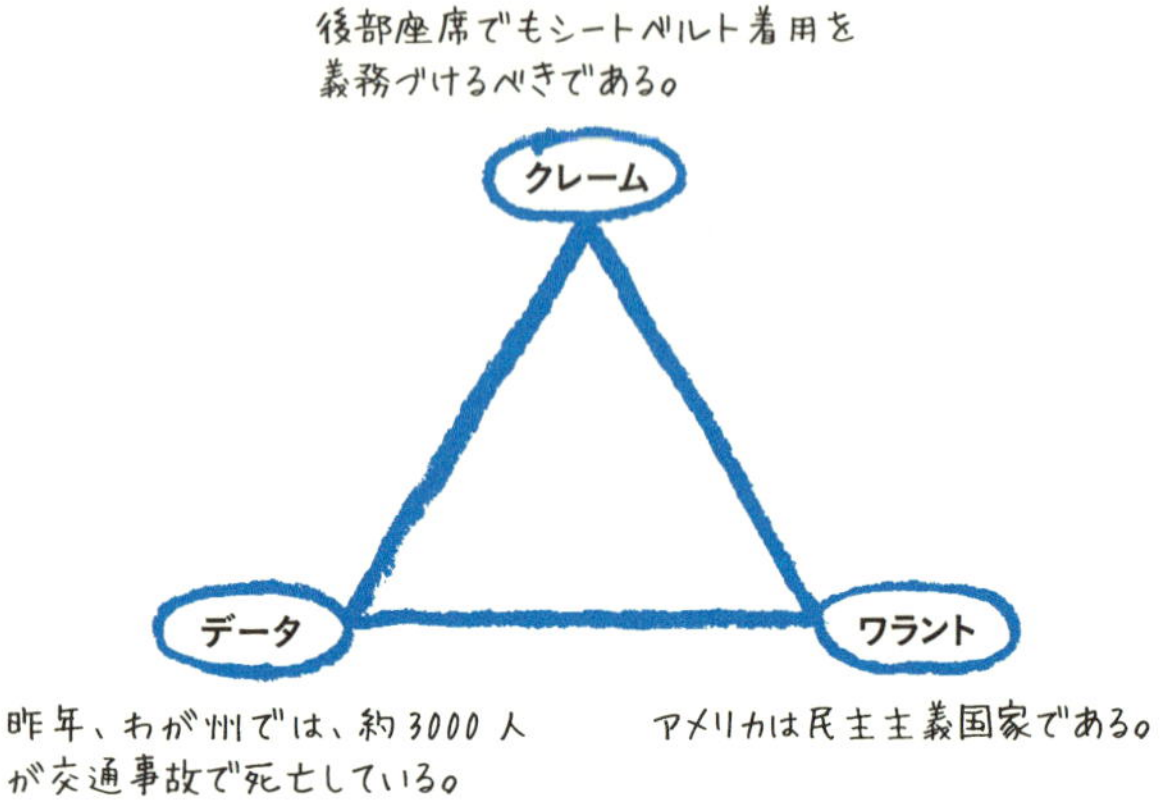
後部座席でもシートベルト着用を
義務づけるべきである。
クレーム
データ
ワラント
昨年、わが州では、約3000人
が交通事故で死亡している。
アメリカは民主主義国家である。

†反論の仕方① 反駁

「反駁」は、相手が立てた三角ロジックのデータかワラントを突く方法です。データかワラントに新しい論証責任があれば、それを果たすよう求め、事実や根拠に間違いがあれば、それを指摘します。データかワラントが崩れれば、結果的に三角も崩れます。そうすることで、相手のクレームに反対するわけです。

とにかく、ディベートにおいて、クレームを直接攻撃することは、最大のタブーです。論証過程（データかワラント）を検証することで、クレームの正しさを論じるのです。

アメリカのディベートを見ていて、いつも

図9

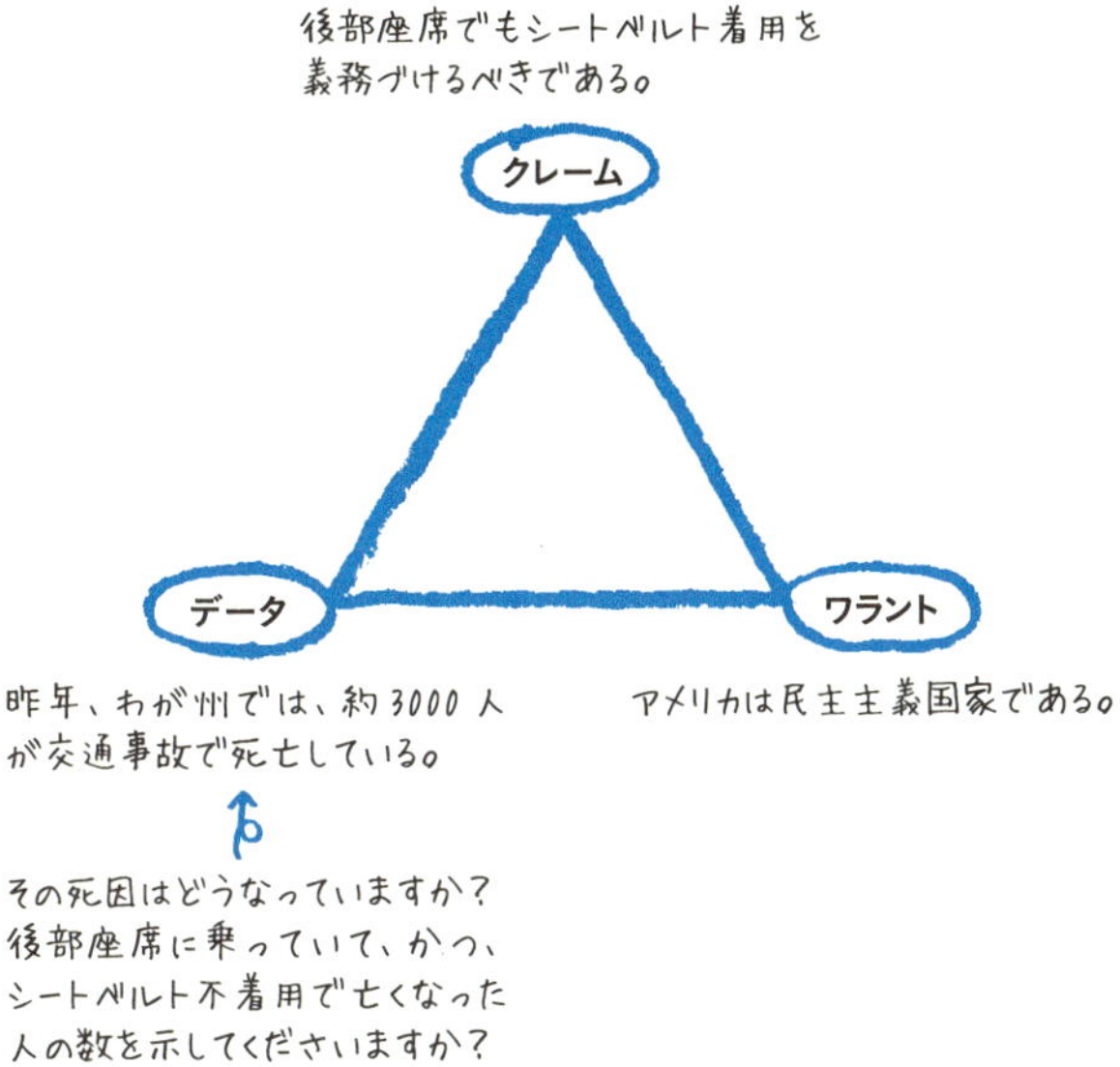
後部座席でもシートベルト着用を
義務づけるべきである。
クレーム
データ
ワラント
昨年、わが州では、約3000人
が交通事故で死亡している。
アメリカは民主主義国家である。
その死因はどうなっていますか？
後部座席に乗っていて、かつ、
シートベルト不着用で亡くなった
人の数を示してくださいますか？

うならされるのは、その反駁のうまさです。たとえば、相手が図8のような三角ロジックを立ててきたとします。

ワラントの「民主主義国家である」は、当たりまえすぎて、大人のディベートでは省略されるでしょう。「民主主義国家」とは、すなわち「人権国家」です。「人命は地球よりも重い」と考える人権国家において、年間三千人もの人命が交通事故で失われている。これは大問題である、という論法です。

もちろん、このワラントを否定することは不可能です（「アメリカは民主主義国家である」という事実を否定してしまうと、もはやディベートではなく、詭弁になってしまいます）。

みなさんなら、この立論に、どう反駁するでしょうか。

アメリカ人なら、小学生でも、いとも簡単に、図9のようにデータを突き、反駁してみせるでしょう。

相手がこれに答えることができないと、当然、データが無効となり、結果的に三角が崩れます。この程度のことを、アメリカでは小学生がやってのけるわけです。まさに、ディベートが日常会話なのです。

先ほどの予備校の教材会議に、話を戻しましょう。講師Aが僕の意見に「反駁」するなら、こんなふうになったはずです。

【反駁】

司会者　横山先生は、このようにおっしゃっていますが、A先生、いかがですか。

講師A　そうですね、テキストの分量が多すぎるということについて、もう少し具体

図10

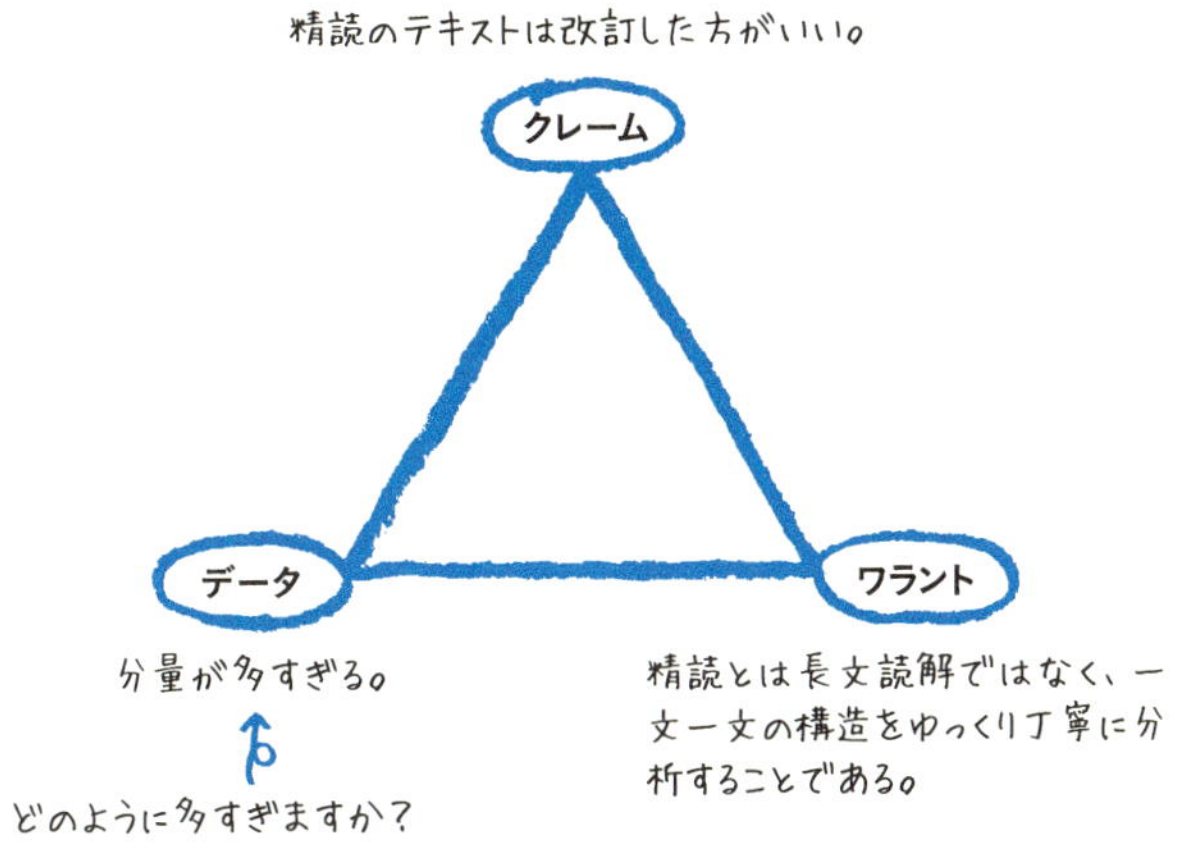
精読のテキストは改訂した方がいい。
クレーム
データ
ワラント
分量が多すぎる。
どのように多すぎますか？
精読とは長文読解ではなく、一文一文の構造をゆっくり丁寧に分析することである。

的にお話しくださるでしょうか。

横山　思い切って、現状の半分でもいい気がします。一文一文を精読すると、どのクラスも、平均して半分は消化できずに終わってしまいます。

講師Aは、僕のデータを突いています（図10）。「どのように、なぜ分量が多すぎる（と思う）のか」という、データに生じた論証責任を果たすよう求めているのです。

†反論の仕方② アンチテーゼ

「アンチテーゼ」は、いったん相手の三角ロジックを認めた上で、「しかし、私はそ

うは思わない」と、新たなクレームを立てる方法です。アンチテーゼとは「**反対命題**」のことです。反駁ができないとき、あるいはより強力な立論が可能なときに使う反論の方法です。ボクシングにたとえるなら、「打たせて勝つ」戦法です。反駁は三角のデータかワラントを崩す試みですが、アンチテーゼは三角自体は認めた上で、より大きい三角をぶつけて勝とうとします。ここでも、大切なのは、クレームの正しさではなく、論証の強さ、説得力の大きさで競うということです。

ただし、これは「譲歩」ではありません。日本人が使う「バット」は、タテマエで相手を立てる譲歩であることが、しばしばあります。ホンネではまったく感心していないのに、「とてもいい考えだと思うんですが……」といった具合です。

アメリカ人は、よく日本人のことを「**イエス・バット・ピープル**」と呼びます。「ノーと言えない日本人」と言われますが、日本人は、ハラの内のホンネはどうあれ、まずいったん相手の意見に同調してから、「それでも」と譲歩して、遠慮がちに自分の考えを伝える、というのです。「確かにおっしゃる通りです。しかし……」という日本人の発言を、アメリカ人は「イエス・バット・シンドローム」などと揶揄《やゆ》します。

松本道弘先生は、『ハラ芸の論理』（朝日出版社）の中で、「コンピュータの発想は二進法である。○か一、つまり白か黒かのどちらかである。論理はインプットできるが、非論理はインプットできない。いや、インプットできないものが非論理である」と述べておられます。コンピュータが二進法だから、ロジックが二進法なのではありません。もともと、ロジックが白か黒かの二進法だから、そこから生まれたコンピュータも二進法なのです（コンピュータはアメリカで生まれたものです）。

入試英語の会話問題でも、この「イエス・バット・シンドローム」は、よくひっかけに使われます。たとえば、次の空所に「はい」か「いいえ」の、どちらかを入れてみてください。

ホテルの受付　いらっしゃいませ。チェックインでしょうか。
客　はい。
ホテルの受付　では、こちらの用紙にご記入をお願いいたします。お荷物はございますか。

客（　　）、ありません。
アメリカ人　英語がお上手ですね。アメリカに行ったことはおありですか？
日本人　いいえ。
アメリカ人　えっ、ないんですか？
日本人（　　）

ともに、日本人なら、迷わず「はい」を入れると思います。しかし、「はい、ありません」は、まったく非論理的です。「はい」で肯定しながら、「ありません」で否定しています。二進法で考えれば、「はい」なら「あります」ですし、「ありません」なら「いいえ」です。つまり、一つの文の中で、肯否がごっちゃになっているのです。先の問題は、どちらも英語なら「いいえ」になります。

ロジカル・リーディングの初学者に、口を酸っぱくして注意するのが、「バット」の使い方です。日本人の「イエス・バット」とは異なり、英語のアンチテーゼで使う

「バット」は、真っ向対立、全面否定の「バット」です。英語ネイティブとのコミュニケーションでは、「イエス・バット」は命取りです。自分自身が意見を述べるときも、相手の意見を聞くときも、ロジックを使ったコミュニケーションの場に、「イエス・バット」を持ち込まないよう、くれぐれも気をつけてください。

では、実際にアンチテーゼを使って、先ほどの教材会議を進めてみます。

【反論】

司会者　横山先生は、このようにおっしゃっていますが、A先生、いかがですか。

講師A　横山先生のご意見はよくわかったのですが、私は、やはりこのままでよいと考えます。

司会者　その理由をお聞かせくださいますか。

講師A　必ずしも、英文の全部を授業で扱う必要はないと思うんです。重要なところ、時間をかけるべきところだけを取り上げ、あとはざっと流してもいいと思います。全部を扱わなければ、分量は問題ではありません。

図11

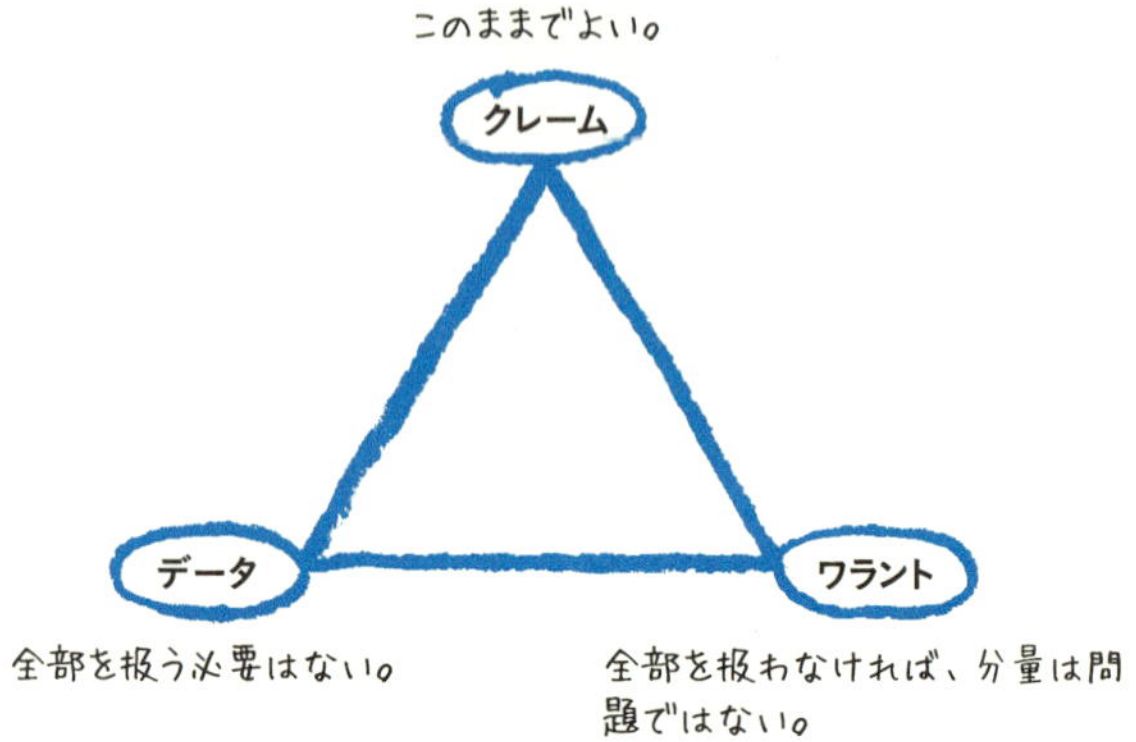
このままでよい。
クレーム
データ
ワラント
全部を扱う必要はない。
全部を扱わなければ、分量は問題ではない。

講師B　そうですね。扱いたいところ、重要だと思うところは、講師によっても変わるでしょうし。

講師Aは、僕の論証を認めた上で、「このままでよい」というクレームを述べています。もちろん、司会者は「どのように、なぜこのままでよい（と思う）のか」について、論証を求めています。講師Aの立てた三角は、図11のようなものです。この場合のワラントは、あまりに当たりまえのことなので、省略されるかもしれません。

講師Bは、講師Aの「このままでよい」というクレームに、別のデータを付け加えて、講師

Aを援護射撃しています。
もちろん、講師Aの提示するデータには「どのように、なぜ全部を扱う必要はないのか」という新たな論証責任が生じています。当然、僕は、その責任を果たすよう求めて、反駁するでしょう。あるいは、この三角ロジックを認めた上で、ワラントの「全部を扱わなければ、分量は問題ではない」に対して、このようにアンチテーゼを提示するかもしれません。

横山　いや、全部を扱わないと、生徒の不平不満につながります。やり残しは、大きな未消化感を生みますし、質問対応も増えます。

当然、相手はこのアンチテーゼに対して、データとワラントを求めてくるでしょう。民主主義的な議論とは、このようにして進められます。相手の論証や主張が正しく、より説得力があると思うなら、その論点に関しては負けを認め、納得できなければ、納得するまで反駁とアンチテーゼを重ねていきます。また、お互いのクレームを止揚《しよう》し、よりよいクレームを模索することもあります。「止揚」とは、「折衷《せっちゅう》」ではありません。「高い視点から両者を統一すること」です。

多数決は、このように議論を尽くしてなお結論が出ないとき、最後の手段として、はじめて採用されるものです。ここでも大切なのは、クレームの優劣を決めるわけではないということです。もちろん、どんな少数派のクレームであっても、データとワラントが成立する限り、一つの言論、価値観として認められ、尊重されます。しかし、現実問題として、それでは社会が回っていかないから、正々堂々議論を戦わせ、相手や周囲への論理的説得を試みた上で、あとは「最大多数の最大幸福」の原理にしたがい、「うらみっこなし」で方向を決めましょう、というのが、多数決の考え方なのです。

第三章

三角ロジックの応用——ひとりディベート

三角ロジックの運用パターン

ディベートやディスカッションのように、相手がいるやり取りなら、論証責任があれば、それを果たすよう求め、反論したければ、反駁したりアンチテーゼを述べたりすればいいのですが、相手がいない場合は、そうはいきません。つまり、相手がおらず、自分一人でまとまったスピーチをしたり、文章を書いたりする場合です。相手がいたらこのようなやり取りになるだろうと想定し、いわば「ひとりディベート」をおこなって、スピーチをし、文章を綴らなければならないわけです。

実際のスピーキングやライティングでは、立論する場合も、反論する場合も、基本的に、三角ロジックは「演繹《えんえき》型」か「帰納《きのう》型」のいずれかで運用されます。

演繹型　クレーム→データ→ワラント
帰納型　データ→ワラント→クレーム

「**演繹型**」は、三角ロジックをそのままの順序で使うパターンで、英語では、もっともオーソドックスな論理展開です。「この映画は面白そうだ。だって、宮藤官九郎が脚本を手がけていて、自分的に宮藤官九郎の作品にはハズレがないんだもの」と運用するのが、演繹型です。
「**帰納型**」は、クレームをあと回しにするパターンです。「この映画は、宮藤官九郎が脚本を手がけていて、自分的に宮藤官九郎の作品がつまらなかったことはないから、きっと面白いに違いない」と運用すると、帰納型です。ただ、帰納型は回りくどく、とくにスピーチや短いライティングの場合、よほど切り出しにくい要件であるとき以

図 12

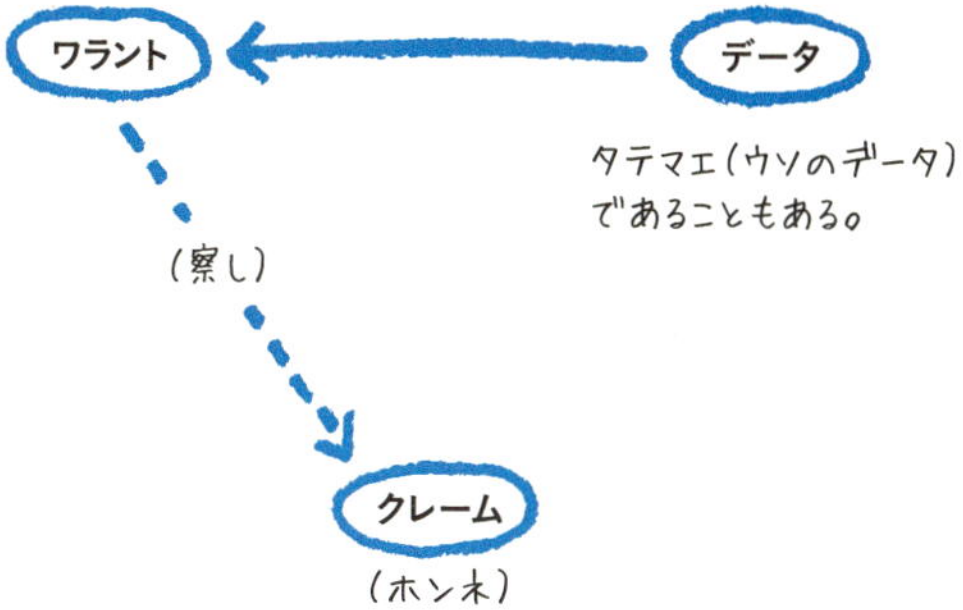

外、英語では、帰納型で三角ロジックを使うことは、まずありません。

ハラ芸を図にすると

ちなみに、日本語のハラ芸を図にすると、図12のようになります。

破線になっているのは、あえて言葉にはしない「察し」です。つまり、「言わぬが花」です。はっきり「言いたいこと」を口にしてしまうのは、「愛《うつく》しくない」のです。くどくどと、外堀の事実から攻め、できるだけ「言いたいこと」は、察してもらおうとします。もちろん、データで本当のことを言うとは限りません。タテマエです。そして、聞くほうも、相手の「言いたいこと」は何か、ホンネは何なのか、察しようとします。この「察し」の悪い人が、「KYな人」（空気読めない人）と呼ばれるわけです。

たとえば、「ほら、電気消し忘れてるよ」は、単なる事実です。しかし、日本人なら、誰でも「電気を消しなさい」という意味に受け取るはずです。先日、駅の自動券売機で、「硬貨返却口にガムを詰めて、釣り銭を抜き取る事案が発生しています」という張り紙を見かけました。これも、単なる事実を述べているにすぎません。それでも、「釣り銭を確認してください」という意味だとわからない日本人はいないでしょう。

日本人は、事実だけ（場合によっては、ウソの事実）を述べ、「言いたいこと」は、察し合います。日本人が英語を話すとき、どうしても帰納型になってしまいやすいのは、このような理由からです。事実ばかりを冗長に述べ立て、なかなかクレームを口にしようとしない（帰納型にもならない）ため、"What's your point?"（結局、何が言いたいの？）などと言われてしまうこともあります。よほどもったいぶるとき以外、英語ネイティブが帰納型を使うことはありません。日本人のわれわれがロジックを使うとき、つまり、公の場では、会話はもちろん、挨拶やスピーチ、メールやビジネス文書、レポートなどでも、帰納型は避け、演繹型を使うように心がけてください。

†レトリック

では、ここからは、実際にロジックを運用して、まとまった文章を書いてみましょう。英語の場合、「話し言葉」と「書き言葉」は、人称で使いわけます。具体的に言うと、書き言葉では、一人称に"I"ではなく、"the author"（著者）や"the writer"（筆者）を用います。ですから、書き言葉では、"I think"とか"I believe"といった言い回しでクレームを述べることはありません。

ところが、「言わぬが花」の日本語の場合、「私は～と思う」という論証責任の部分は、ほぼ隠れてしまい、英語のような書きわけは不可能です。では、どうすればいいか。結論から言うと、現代国語は言文一致ですので、話し言葉は「ですます調」、書き言葉は「である調」にすればいいのです。

クレームとデータとワラントが三位一体であり、不可分の関係にあることは、すでに述べました。データとワラントのないクレームはありませんし、クレームのないデータやワラントは無意味です。

「クレーム+データ+ワラント」の一つの意味のかたまりが「段落」です。「意味段落」と言います。ところが、日本語では、適当な話の切れ目で段落をわけてしまうため、ほとんど段落に意味がなく、「形式段落」になってしまいがちです。まず、公の場、すなわちロジックが求められる場でのスピーキングやライティングでは、「一つの段落」=「一つの三角ロジック」という前提を忘れないようにしてください。

ロジカルに書かれた文章の段落には、たった一つの主張と、その論証から構成されます。とはいえ、実際の文章では、ほとんどの場合、ワラントは省略されてしまいますから、「クレーム+データ」と考えていいでしょう。

データの挙げ方、つまり論証パターンのことを「レトリック」と呼びます。インプット(リーディング)を目的とした『高校生のための論理思考トレーニング』では八つのパターンを挙げていますが、本書では、アウトプット(ライティング)用に、五つにまとめてみます。

レトリックは、一つを単独で用いることもあれば、いくつかを組み合わせることもあります。

【レトリックのパターン】

①現状分析
②エピソード
③定義
④引用
⑤対比

†レトリック① 現状分析

「**現状分析**」と言うと、何か難しそうですが、そんな大げさなものではなく、「**現状に関する事実を述べます。**」日常会話でもっともよく使われるレトリックで、ここまで本書で挙げてきたデータは、すべて現状分析です。また、ディベートは、基本的に

「現状を改革する必要があるか否か」を命題としますから、そこで用いられるデータの大半も、現状分析です。

ディベートやロジック運用の初歩のトレーニングでは、まず現状分析を使うよう心がけ、慣れてくれば、他のレトリックを考えるようにすればいいと思います。もちろん、データはいくつ挙げても構いません。その際、必ず同じクレームから出たデータでなければならないこと、そして、それぞれにワラントが必要であることに注意してください。

では、「ここに信号機を設置した方がよい」をクレームに、現状分析のレトリックで、三角ロジックを組み立ててみましょう。

図13を見てください。ここでは、二つのデータを列挙しています。データ①は「児童の通学路になっている」ですが、ワラントは「児童は社会的弱者であり、その安全は社会が守ってやらなければならない」ということで、これは、あまりに当たりまえすぎて省略可能です。データ②の「車同士の接触事故が起きている」のワラントは、「人命は尊い」です。しかし、よほどの偏屈が相手でない限り、これも省略していい

図13

この交差点に信号機を設置した方がよい。

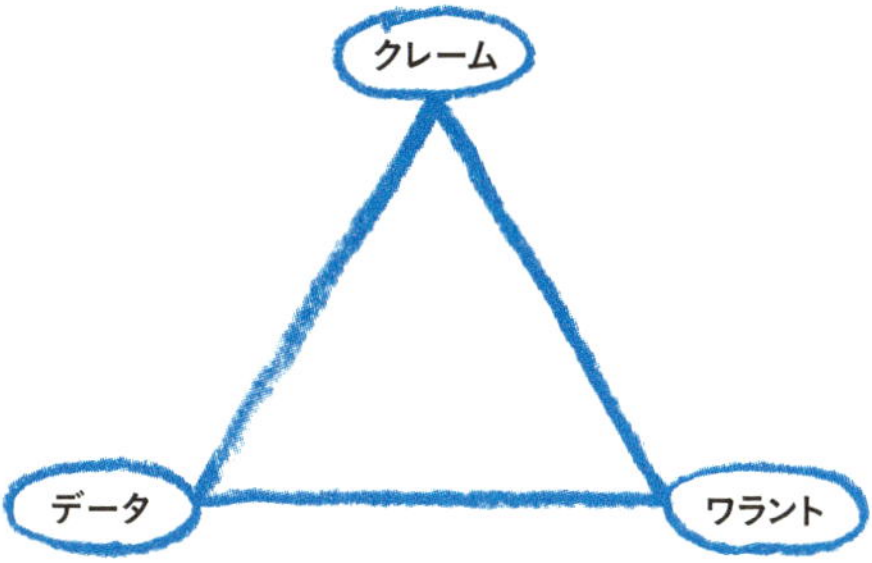

データ①
児童の通学路になっている。

ワラント①
（児童は社会的弱者であり、その安全は社会が守ってやらなければならない。）

データ②
先月だけでも2件、車同士の接触事故が起きている。

ワラント②
（人命は尊い。）

でしょう。社会的なコンセンサスとして、車の接触事故が起きているという事実だけで、現状を改革すべきであることは明らかです。

実際に文章にしてみるとわかりますが、とくに話し言葉で帰納型を使った場合、周辺から切り出して、主張（クレーム）に近づいていく分、相手を上手に説得するために、列挙するデータの順番を入れ替えたりする必要が出てきます。実際に文章にしてみましょう。

【演繹型】

〈書き言葉〉

私は、この交差点に信号機を設置する必要があると思う。児童の通学路に当たっている上、先月だけでも二件、車同士の接触事故が起こっており、きわめて危険である。

〈話し言葉〉

この交差点なんですが、信号機を設置してもらえるよう、市議に陳情してみませんか。児童が通学に使う道ですし、先月だけで、二件も車の接触事故が起こっていて、本当に危ないと思うんです。

【帰納型】

〈書き言葉〉

この交差点は、児童の通学路に当たっている上、先月だけでも二件、車同士の接触事故が起こっている。児童の安全を守り、交通事故を防ぐためにも、信号機の設置を検討すべきだと思う。

〈話し言葉〉

この交差点なんですが、先月だけで、もう二回も車同士の接触事故が起きているんです。非常に危険ですし、そもそも、ここは小学校の子供が通学に使う道でしょう。子供は、いつ飛び出してくるか、予測がつきません。やはり、信号機を設置してもらえるよう、市に相談してみませんか。

†レトリック② エピソード

「エピソード」は、自分自身や第三者の「体験」を述べます。「時系列」、つまり「歴史」をたどってみせることもあります。エピソードをデータに挙げる場合も、ワラントは不要です。あえて言うなら、「このデータは歴史的事実である」なのですが、あ

図14

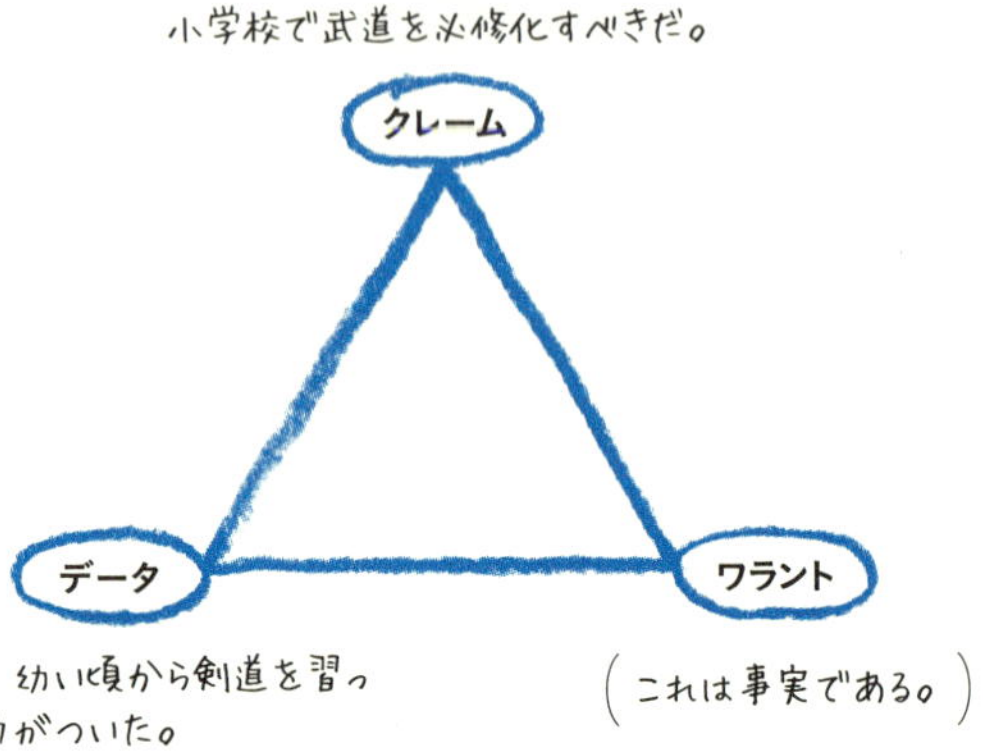

まりに当たりまえすぎるからです。「小学校で武道を必修化すべきだ」をクレームに、エピソードのレトリックを使って書いてみると、このようになります（図14）。

【演繹型】

〈書き言葉〉

私は、小学校で武道を必修化すべきであると思う。私自身、幼稚園から剣道を習っている。その結果、何より集中力を養うことができ、高校受験、大学受験とも、大いに役立った。

〈話し言葉〉

小学校での武道必修化について、いろいろな意見があるでしょうけれども、私は非常にいいことであると思っています。実は、私は幼稚園の頃から剣道を習っています。親に言われて始めた習いごとではありますが、非常に集中力を養うことができまして、高校受験はもちろん、大学受験でも、大いに私を助けてくれました。

【帰納型】

〈書き言葉〉

私は、幼稚園から剣道を習っている。もっともよかったと思うのは、集中力を養うことができたことで、高校受験や大学受験で、大いに役立った。このような体験から、私は、小学校で武道を必修化すべきであると思う。

〈話し言葉〉

実は、私は幼稚園の頃から剣道を習っております。親に言われて始めた習いごとなのですが、非常に集中力を養うことができまして、高校受験はもちろん、大学受験でも、大いに私を助けてくれました。こうした自分自身の体験もあり、私は小学校で武道を必修化することは、非常にいいことであると思います。

†レトリック③　定義

「定義」は、「「便利」とは「早い」ということ」というふうに、自分なりの定義を与えるレトリックです。「分類」と言ってもいいかもしれません。ディベートにおいて、「用語の定義」は立論側の権利で、反対する側は、その定義にしたがって議論を進めなければなりません。ただし、用語の定義はワラントになります。ですから、この場合のワラントは、省略できません。「独身女性の方が既婚女性よりも幸せだ」をクレームに、定義のレトリックで書いてみましょう（図15）。

【演繹型】
〈書き言葉〉
独身女性と既婚女性では、どちらが幸せか、という問いに、私なら迷わず前者だと

図15

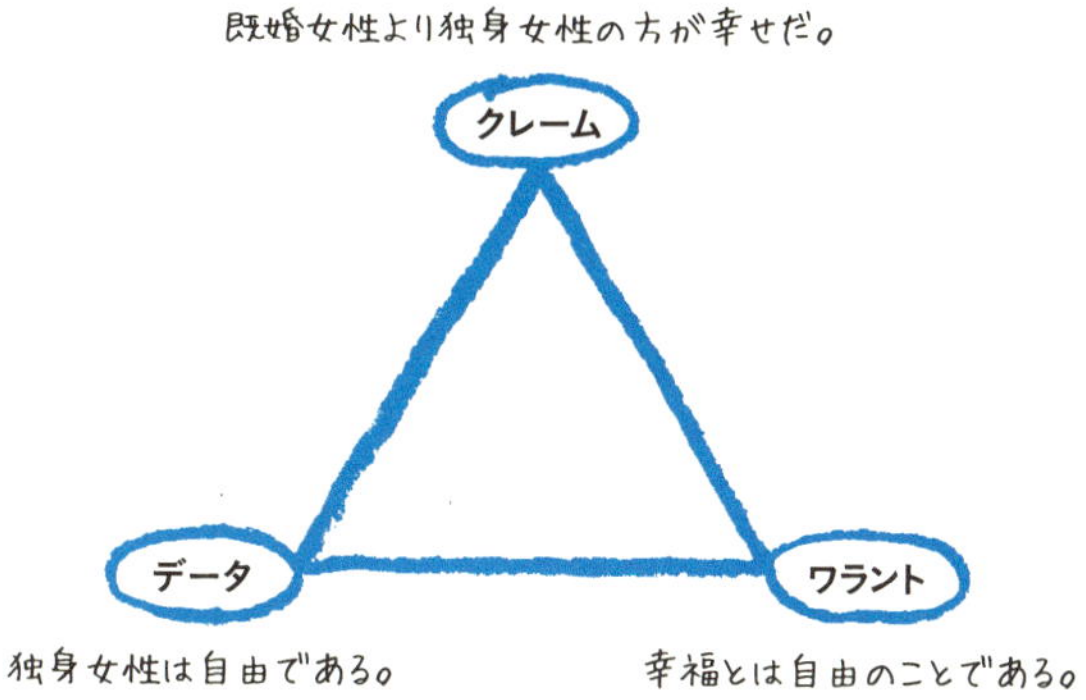

答えたい。私が思う「幸福」とは、「自由」のことである。独身女性は、既婚女性のような育児や家事の負担がなく、より自由を享受できる。

〈話し言葉〉

独身女性と既婚女性では、どちらが幸せかというと、私の考えでは、独身女性です。「幸福」にもいろいろな定義があるでしょうけれども、私が思う「幸福」とは、「自由」のことなのです。独身女性と既婚女性のどちらが「自由」かと言えば、やはり育児や家事の負担のない独身女性なのですね。

【帰納型】

〈書き言葉〉

私の「幸福」の定義は「自由」である。独身女性は、既婚女性のような家事や育児の負担がなく、より自由を享受できる。この意味で、私は、既婚女性よりも独身女性の方がより幸せであると思う。

〈話し言葉〉

みなさん、「幸福」について、いろいろなお考えをお持ちのことと思うのですが、私の「幸福」の定義は「自由」です。独身女性は、既婚女性のような家事や育児の負担がなく、必然的に、より自由です。この意味で、私は、既婚女性よりも独身女性の方がより幸せであると思います。

†レトリック④ 引用

「引用」は、議論のテーマとなっている分野の第一人者の見解を引用して、自分の考

図16

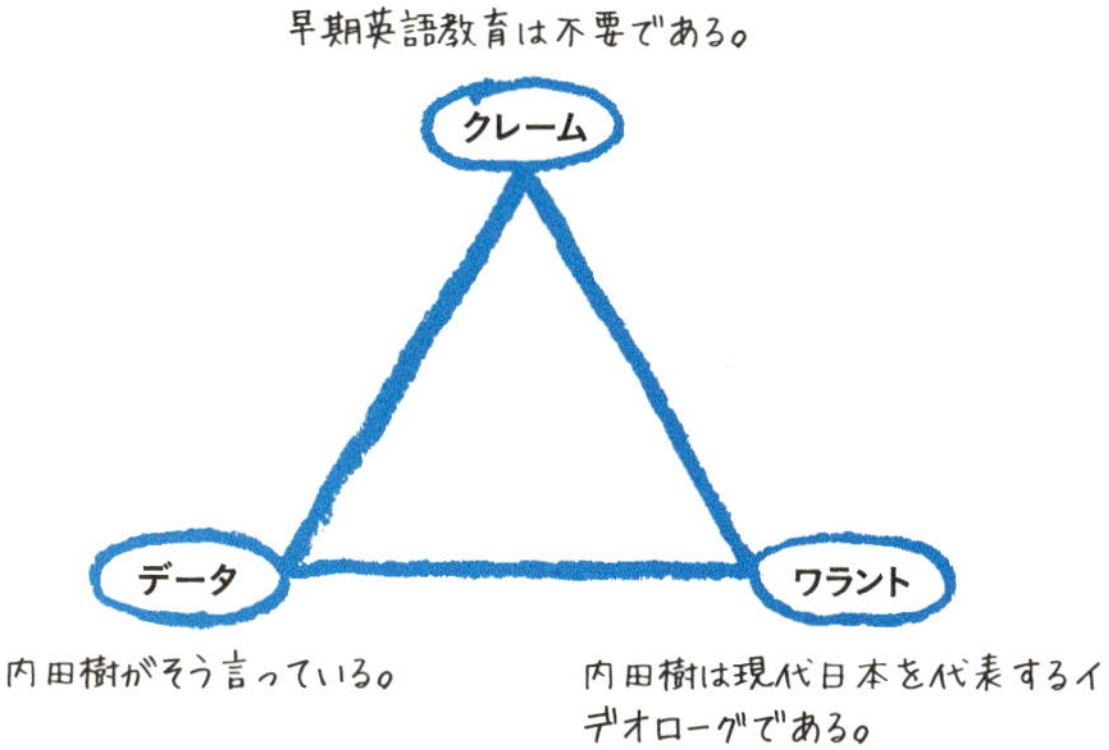
早期英語教育は不要である。
クレーム
データ
ワラント
内田樹がそう言っている。
内田樹は現代日本を代表するイデオローグである。

え（クレーム）を強化するものです。要するに、「専門家もそう言っている」と、権威づけするわけです。ワラントは、言うまでもなく「その人はこの道の権威だ」ですが、だからこそ引用するわけで、引用のレトリックを使う場合、ワラントは省略されることがほとんどです。もちろん、あえてワラント（その人がどれくらい偉いのか）を詳しく述べ、データを補強しても構いませんし、「日本を代表するアメリカ研究者のAは」というふうに、ワラントをデータに含んでしまってもいいでしょう。「早期英語教育は不要である」をクレームに、引用のレトリックを使って書いてみます（図16）。

【演繹型】

〈書き言葉〉

早期英語教育は不要である。思想家の内田樹によれば、われわれにまず必要なのは、英語の早期からの習得ではなく、むしろ「日本語の高度化」である。内田は、「知的イノベーションは母語によってしか担われない」と述べている。

〈話し言葉〉

最近、早期英語教育について、いろいろに議論されていますが、私は不要であるという立場です。思想家の内田樹先生によれば、われわれにまず必要なのは、英語の早期からの習得ではなく、むしろ「日本語の高度化」です。内田先生は、「知的イノベーションは母語によってしか担われない」とおっしゃっています。

【帰納型】

〈書き言葉〉

思想家の内田樹によれば、早期教育においてまず必要なのは、英語の習得ではなく、むしろ「日本語の高度化」である。内田は、「知的イノベーションは母語によってしか担われない」と述べており、私も、早期英語教育は不要だと考える。

〈話し言葉〉

思想家の内田樹先生によれば、早期教育においてまず必要なのは、英語の習得ではなく、むしろ「日本語の高度化」です。内田先生は、「知的イノベーションは母語によってしか担われない」と述べておられます。私も、この考えに立ち、早期英語教育は不要だと考えています。

†レトリック⑤ 対比

「対比」は、対照的なデータを挙げて比較するレトリックです。「英語を習得することは容易だ」をクレームに、対比のレトリックを使って書いてみます（図17）。

図17

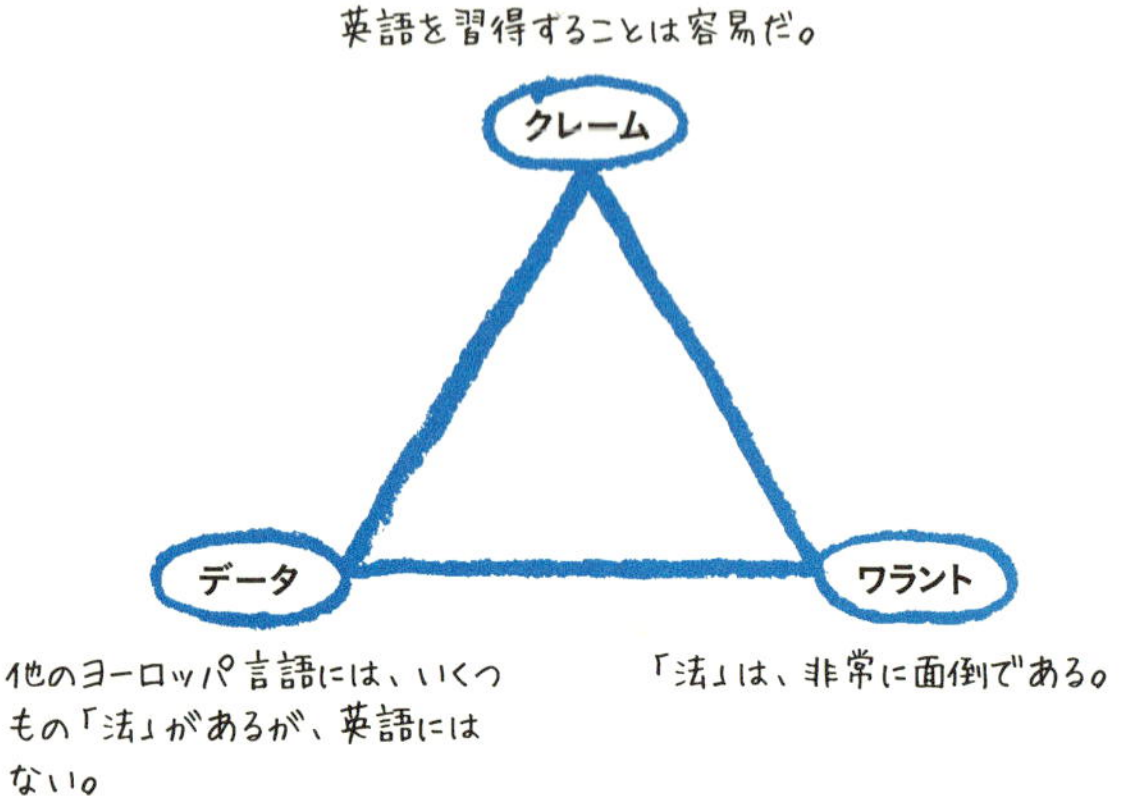
英語を習得することは容易だ。
クレーム
データ
ワラント
他のヨーロッパ言語には、いくつもの「法」があるが、英語にはない。
「法」は、非常に面倒である。

【演繹型】

〈書き言葉〉

英語は、習得の容易な言語である。他のヨーロッパ言語には、直説法や条件法、接続法、命令法など、いくつもの「法」があって、それらが学習者を非常に悩ませるが、英語においては、そういった文法が一切存在しないのである。

〈話し言葉〉

英語は、比較的習得しやすい言語だと言えます。他のヨーロッパ言語には、直説法や条件法、接続法、命令法など、いくつもの「法」があります。これが大変なくせもので、学習者を大いに悩ませ、しばしば挫折させるのですが、英語においては、そういった文法が一切存在しないのです。

【帰納型】

〈書き言葉〉

ヨーロッパ言語には、直説法や条件法、接続法、命令法といったいくつもの「法」があり、学習者を大いに悩ませる。それに比べて、英語はそういった文法をまったく持っておらず、非常に習得の容易な言語だと言える。

〈話し言葉〉

ヨーロッパ言語が厄介なのは、直説法や条件法、接続法、命令法といったいくつもの「法」がある点で、私も第二外国語としてフランス語を専攻しましたが、それはもう、閉口させられました。それに比べて、英語にはそういった文法が一切なく、その意味でも、英語は比較的習得の容易な言語であると思います。

以上、演繹型と帰納型、書き言葉と話し言葉で、実際に三角ロジックを日本語で運用してみました。同じ内容でも、回りくどくなる分、演繹型よりは帰納型、書き言葉よりは話し言葉の方が、長くなることがわかると思います。

とくに、スピーチで帰納型を使うと、日本語ではどうしても「前口上」や「前振り」が必要になり、よほどうまく話さなければ、何が言いたいのか、論点がぼやけてしまいます。繰り返しますが、スピーチにせよ、ライティングにせよ、日本語でロジックを使うときは、演繹型が原則です。われわれ日本人は、プライベートな場では無意識にハラ芸を使っており、それだけにいっそう、公の場では注意して演繹型を使うようにしてください。

†反論① 反駁

反論する場合は、まず対立意見として、これから反論する相手の三角ロジックを紹介してから、「しかし」と切り返し、演繹型または帰納型で、自分のクレームを述べます。

演繹型　対立意見→クレーム→データ→ワラント

帰納型　対立意見→データ→ワラント→クレーム

反駁するだけなら、クレームは、「しかし、この意見は間違っている」となりますし、アンチテーゼを提示するなら「しかし、私はこう思う」というクレームになるでしょう。

先ほどの「対比」でつくったロジック（図17）に、反駁の文章を書いてみましょう。このロジックでは、データを反駁することはできません（詭弁になってしまいます）。ワラントには「どのように、なぜ非常に面倒なのか」という新しい論証責任が生じています。これを突いてみましょう（図18）。

図18

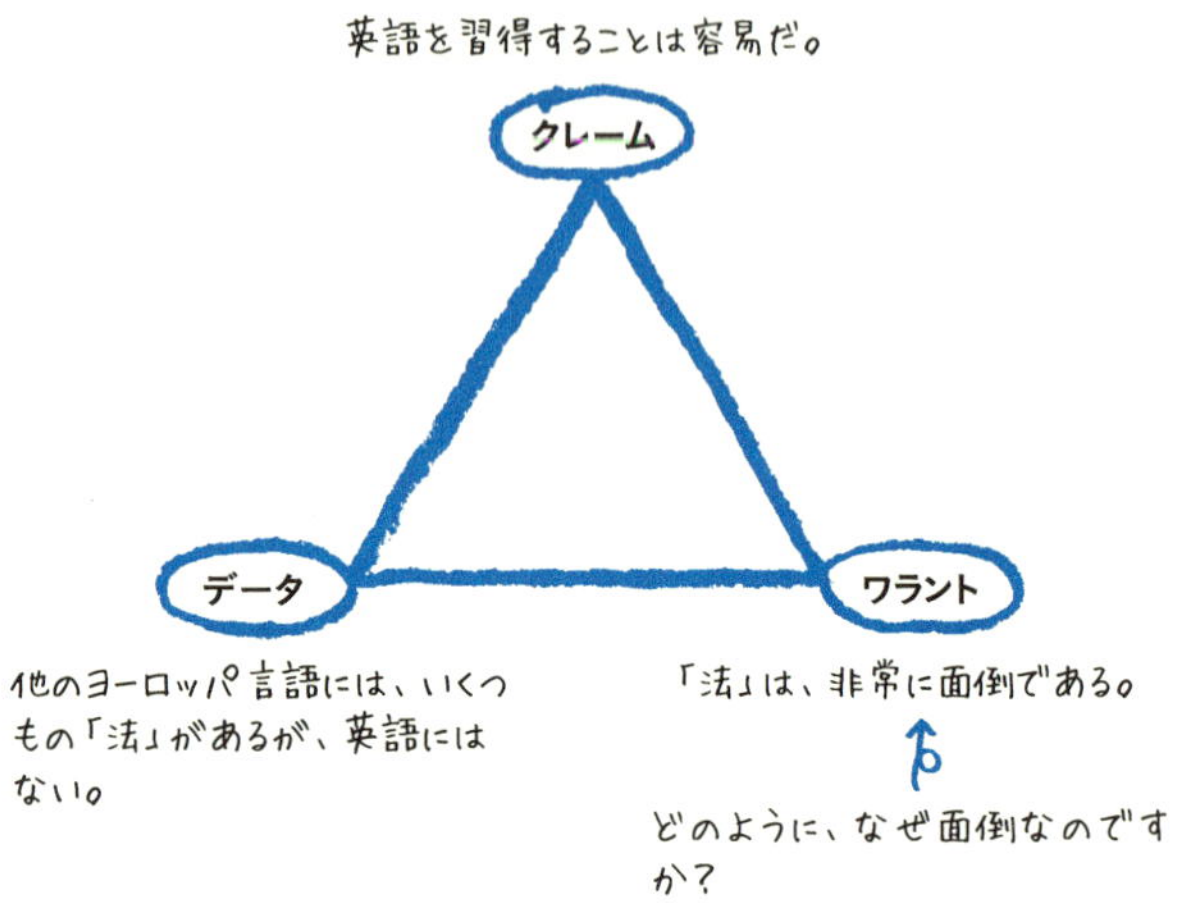
英語を習得することは容易だ。
クレーム
データ
ワラント
他のヨーロッパ言語には、いくつもの「法」があるが、英語にはない。
「法」は、非常に面倒である。
どのように、なぜ面倒なのですか？

【演繹型】

〈書き言葉〉

横山は、他のヨーロッパ言語とは異なり、英語には面倒な「法」がなく、習得も容易だと主張する。しかし、彼の議論には説得力がない。というのも、ヨーロッパ言語の「法」の学習が、いかに面倒なことかの説明がないからである。

〈話し言葉〉

横山さんは、英語には他のヨーロッパ言語のように面倒な「法」がなく、習得も容易だとおっしゃるのですが、にわかに「はい、そうですか」とは申し上げづらいんです。と申しますのも、ヨーロッパ言語の「法」の学習が、いかに面倒なことか、横山さんは、ひとことも説明されていないわけなんです。

【帰納型】

〈書き言葉〉

横山は、他のヨーロッパ言語とは異なり、英語には面倒な「法」がなく、習得も容易だと主張する。しかし、ヨーロッパ言語の「法」の学習が、いかに面倒なことか、ひとことも説明しておらず、彼はまずその責任を果たすべきであろう。

〈話し言葉〉

横山さんは、他のヨーロッパ言語とは違い、英語には面倒な「法」がなく、習得も容易だ、とおっしゃっています。ところが、では、ヨーロッパ言語の「法」の学習が、いかに面倒なことか、というと、横山さんは、ひとことも説明しておられないわけです。ですので、横山さんは、まずそのことを具体的にご説明なさるべきだと、私は思います。

†反論② アンチテーゼ

アンチテーゼで書くと、このようになります。

【演繹型】

〈書き言葉〉

横山は、他のヨーロッパ言語とは異なり、英語には面倒な「法」がなく、習得も容易だと主張する。しかし、私はだからこそ、英語は難しいのだと考えている。たとえば、英語の「仮定法」は、実際には「直説法」の動詞の活用で代用しており、この「いい加減さ」こそが、英語の習得の障害となっているのである。

〈話し言葉〉

横山さんは、他のヨーロッパ言語とは違い、英語には面倒な「法」がなく、習得も容易だ、とおっしゃります。しかし、私はだからこそ、英語は難しいのだと思います。たとえば、英語の「仮定法」は、実際には「直説法」の動詞の活用で代用しているのであって、この「いい加減さ」こそが、英語の習得の障害となっているのです。

【帰納型】

〈書き言葉〉

横山は、他のヨーロッパ言語とは異なり、英語には面倒な「法」がなく、習得も容易だと主張する。横山の言う通り、たとえば、英語には「仮定法」の概念はあっても、実体がない。つまり、実際には「直説法」の動詞の活用で代用しているのであって、この「いい加減さ」こそが、むしろ英語の習得の障害となっている。私は、明確な「法」がないからこそ、他のヨーロッパ言語と比べて、英語習得は困難なのだと感じている。

〈話し言葉〉

横山さんは、他のヨーロッパ言語とは違って、英語には面倒な「法」がなく、習得も容易だ、とおっしゃります。確かに、たとえば、英語には「仮定法」の概念はあっても、実体がありません。もっとはっきり言えば、実際には「直説法」の動詞の活用で代用しています。私の生徒たちを見ておりましても、どうやらこの「いい加減さ」こそが、むしろ英語の習得の障害となっているようです。つまり、明確な「法」がないからこそ、他のヨーロッパ言語と比べて、英語習得は困難なのだと、私は思っています。

†お手本を三角ロジックで分解する①

ロジカルに話したり、書いたりするためのトレーニングとして、「お手本を三角ロジックで分解する」やり方があります。良いお手本でもいいのですが、悪いお手本なら、それを自分でロジカルに書き直してみると、いっそう効果的です。そう、「他人の振り見て我が振り直せ」です。

次のスピーチはどうでしょう。

ちょっと聞いてください。えーとですね、出発の時間になりましたけれども、ご覧の通り、どうも雲行きが怪しくなってきました。それで、このまま出発すると途中で激しい雷雨に見舞われる危険性があるんですね。そこで、どうでしょう、ここでしばらく様子を見てですね、それで天気が回復するようなら出発、二時間ぐらいたってもまだぐずついているようなら、出発は明朝に延期ということにしたいと思います。

東京大学が出した要約英作文の問題で、次のような設問となっています。

問　次の文章は、ある大学の登山隊の隊長（the team leader）が出発予定日の朝に隊員たちに向かって発した言葉である。この内容について英語圏から来た留学生の隊員に質問されたと仮定し、その要点を六十語程度の英語で述べよ。

図19

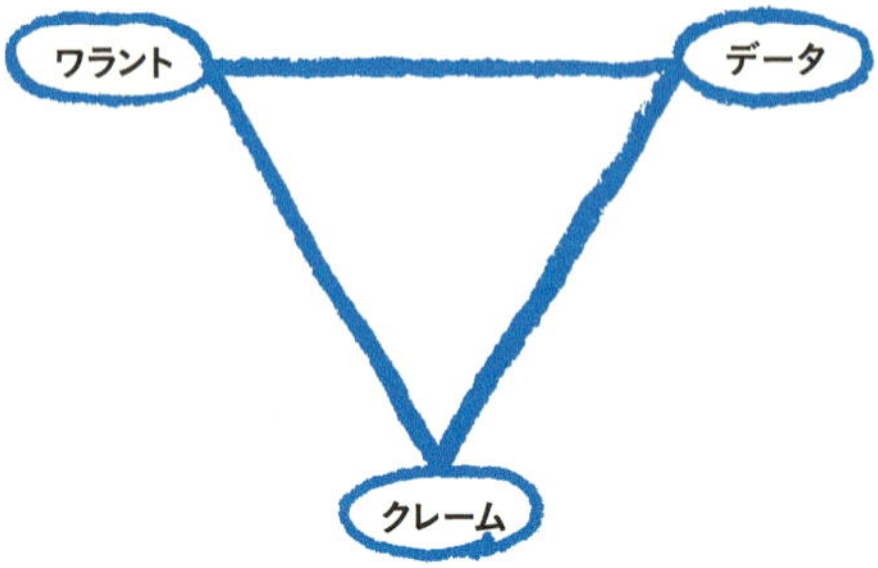

「英語圏から来た留学生の隊員に質問された」というところが、この問題のミソです。スピーチをそのまま英訳するのではなく、英語ネイティブにわかりやすく構成し直し、その上で英語にすることが求められています。

三角ロジックで、このスピーチを分解してみると次のようになります。

クレーム　ここでしばらく様子を見て、天気が回復するようなら出発、二時間ぐらいたってもまだぐずついているようなら、出発は明朝に延期したい。

データ　雲行きが怪しくなってきている。

ワラント　このまま出発すると、途中で激しい雷雨に見舞われる危険性がある。

三角ロジックは、きちんと成立しています。「帰納型」の論証です（図19）。さすがは、大学の登山隊の隊長、はっきりと最後にクレームを述べていますし、なかなかロジカルです。しかし、ここまで短いスピーチの場合、やはり「演繹型」で、はっきりクレームを述べてしまったほうが、よりロジカルです。言い直すなら、こんな感じでしょうか。

出発の時間になりましたが、ここでしばらく様子を見て、天気が回復するようなら出発、二時間ぐらいたってもまだぐずついているようなら、出発は明朝に延期したいと思います。と言うのも、ご覧の通り、どうも雲行きが怪しくなってきており、このまま出発すると、途中で激しい雷雨に見舞われる危険性があるからです。

東大の設問には、これを英訳して答えることになります。ただ、これではあまりに直訳調で、日本語としては事務的な感じがしますから、「演繹型」のまま、もう少し日本語の挨拶らしくしてみましょう。

ちょっと聞いてください。出発の時間になりましたけれども、われわれは、ここでしばらく様子を見ようと思います。そして、天気が回復するようなら出発、二時間ぐらいたってもまだぐずついているようなら、出発は明朝に延期します。と申しますのも、ご覧の通り、どうも雲行きが怪しくなってきております。このまま出発すると、途中で激しい雷雨に見舞われる危険性があると、そう私は隊長として判断したわけです。

言い回しを変えただけですが、かなりオブラートに包んだ感じになりますね。社長さんや政治家のスピーチも、せめてこの程度に話すことができれば、通訳も助かるでしょう。

お手本を三角ロジックで分解する②

もうひとつ、東京大学の要約英作文の問題を使って、三角ロジックで分解するやり方を実践してみましょう。次の文章を読み、どのような三角ロジックが成り立つか、考えてみてください。

死の恐怖を知るのは人間だけであると考えられる。もちろん、動物も死を避けようとする。ライオンに追いかけられるシマウマは、殺されて食べられるのを恐れて必死で逃げる。しかし、これと人間の死の恐怖は異なる。動物は目の前に迫った死の危険を恐れるだけだが、人間は、遠い先のことであろうが、いつの日か自分が死ぬと考えただけで怖い。人間は、自分の持ち時間が永遠でないことを恐れるのである。

日本語の文章としては、なんとなく、言いたいことはわかります。では、この文章のクレームは何でしょうか。「ひとことで、この文章の主旨を述べなさい」と言われたら、みなさんはどう答えますか。

第一文の「死の恐怖を知るのは人間だけであると考えられる」は、客観的な事実にすぎません。したがって、「演繹型」ではなさそうです。かといって、最終文の「人間は、自分の持ち時間が永遠でないことを恐れるのである」も、客観的な事実ですから、「帰納型」でもありません。

では、「しかし」までの内容に、反論しているのでしょうか。だとすると、第三文がアンチテーゼで、第一文と第二文は「これ」の内容、すなわち「動物の死の恐怖」が述べられていなければならないわけですが、第一文は「人間の死の恐怖」です。この日本語を一文一文、逐次英語で通訳したら、英語ネイティブは、非常に混乱するでしょう。もちろん、まったく理解できないわけではありませんが、大変苦労するはずです。

この文章に、クレームはありません。「人間の死の恐怖」と「動物の死の恐怖」を「対比」しているだけです。クレームは、「言わぬが花」で、読み手の「察し」にゆだねられているのです。

改めて問います。この文章のクレームは何でしょうか。要するに、筆者は何が言いたいのでしょうか。そう、「人間の死の恐怖と、動物の死の恐怖は異なる」ということです。ロジカルに説明するためには、まずそのことを述べ、次いで、「人間の死の恐怖はこう、動物の死の恐怖はこう」と、データを対比すればいいのです。「演繹型」で書き直せば、このようになるでしょう。

人間の死の恐怖は、動物のそれとは大きく異なる。もちろん、動物も死を避けようとする。たとえば、ライオンに追いかけられるシマウマは、殺されて食べられるのを恐れて必死で逃げるが、目の前に迫った死の危険を恐れているだけである。これに対して、人間は、遠い先のことであろうが、いつの日か自分が死ぬと考えただけで怖い。人間は、自分の持ち時間が永遠でないことを恐れるのである。

ここで改めて、「はじめに」でご紹介した京都大学の英作文問題を見てみましょう。

超国際派ですね、と人からはうらやましがられているが、とんでもない。元来こわがりの私がどんな思いで毎回飛行機に乗っていることか。和食はもちろん、外国の食べ物だって、日本で食べた方がうまかったりするのだから始末が悪い。衣食住すべて和風好みの私は超国内派なのである。

京都大学は、この日本語を「英訳せよ」と求めます。僕が授業で「この問題は解けない」と言った理由がわかるでしょうか。まったくのハラ芸なのです。やはり、日本人になら、なんとなく意味が通ります。「なるほど、飛行機が怖くて、和食が好きで、この人は根っからの国内派なんだなあ。本当に、超国際派なんかじゃないんだあ」と、納得するでしょう。ところが、これをそのまま英語にすることはできません。三角ロジックが成り立たないのです。

この文章は、どうやら「私を超国際派だとうらやむ」人たちに、反論しようとしているようです。アンチテーゼ（クレーム）は、「うらやましいなんて、とんでもない」です。その理由として、いちおう、二つの事実が「列挙」されています。

いや、これは「帰納型」で、クレームは、最終文の「私は超国内派なのである」ではないのか、と思う人もいるでしょう。だとすると、筆者の主張は、「超国際派ではなく超国内派だ」ということになります。

もちろん、それならそれでいいのですが、挙がっている一つ目の理由を見てください。「こわがりである」――これは、生まれ持った気質であって、「国際派か国内派か」など、何の関係もありません。

二つ目の理由として挙がっている「食の好み」も、意味不明です。今しがた、「超国際派ではない理由」として、「こわがり」を挙げたはずです。その前提にあえて乗ったとして、では、「こわがり」であることと「食の好み」に、いったい何の関係があるのでしょうか。さらに、「日本で食べた方がおいしく感じる」から「和風好み」

というのも、ひどい論理の飛躍です（「和風にアレンジした方が、私にはおいしく感じる」ならわかります）。また、食べ物の例しか挙げずに「衣食住」は、風呂敷を広げすぎでしょう。察するに、どうやら「和食が好きで、外国の料理は口に合わない」ということのようです。

つまり、メチャクチャなのです。「国際派だ」とか「国内派だ」などというのも、単に言ってみただけ、「言葉のアヤ」にすぎません。要は、「ね、ね、わかるでしょ？」というたぐいのハラ芸なのです。

ちなみに、京都大学のこの問題の解答は、どの出版社や予備校の解答も、問題文の日本語を、文法的・構文的に忠実に英訳したものになっています。しかし、いずれも、英語ネイティブが読んだら、〇点の「英語もどき」です。英語であって、英語でないのです。

もし、僕が通訳者だとして、どうしてもこの文章を英語にしなければならないなら、「超国際派」や「超国内派」、「衣食住」などの言葉は、迷わずカットするでしょう。ロジカルに書き直せば、このようになるでしょうか。反論の仕方は「反駁」になります。

【演繹型】

世界中を飛行機で旅して、各地の料理を食べることができていいですね、などと人は私をうらやむが、とんでもないことだ。第一、私は元来のこわがりで、飛行機に乗っているあいだ、まるで生きた心地がしない。それに、私は大の和食好きで、外国の料理は、まったく口に合わないのだ。

【帰納型】

世界中を飛行機で旅して、各地の料理を食べることができていいですね、などと人は私をうらやむ。しかし、そもそも私は元来のこわがりで、飛行機に乗っているあいだ、まるで生きた心地がしないし、大の和食好きで、外国の料理は、まったく口に合わないときている。だから、うらやましいなど、とんでもないことなのだ。

これなら、英訳が可能ですし、英語ネイティブもすんなり理解できます。もちろん、「超国内派だ」をクレームに、「超国際派だ」に反論することは可能です。その場合は、「定義」のレトリックを使うしかないでしょう。つまり、「国際派の人」とは「飛行機に乗るのが好きで、外国の料理が好きな人」という定義を与えた上で、議論を進めるのです。まるで冗談のような定義ですが、なんとか書くことはできます。

残念ながら、「国際人」を「しょっちゅう飛行機に乗っていて、各国の料理を食べている人」と定義することはできません。そう定義するためには、「飛行機には乗らないし、各国の料理も食べる機会がない」という事実がなければなりませんが、実際には、ただ飛行機が怖いだけで、しょっちゅう飛行機に乗っているのですし、和風の食べ物が好きなだけで、各国の料理を食べています。論理的に矛盾撞着《むじゅんどうちゃく》を起こしてしまうのです。

また、このクレームを立てる場合は、「うらやましい」とか「とんでもない」といったクレームは、使うことができなくなります。一つの三角ロジックに、二つ以上のクレームを置くことはできないからです。

あえて書いてみると、このようになるでしょう。やはり、反論の仕方は「反駁」です。

【演繹型】

日本では、飛行機に乗るのが好きで、外国の料理が好きな人を国際人と呼ぶらしい。そこで、私も「超国際派ですね」などと言われたりするのだが、この定義にしたがえば、私ほど超国内派の人間はいない。第一、私は元来の怖がりで、飛行機が大嫌いだし、大の和食好きなのだ。

【帰納型】

日本では、飛行機に乗るのが好きで、外国の料理が好きな人を国際人と呼ぶらしい。そこで、私も「超国際派ですね」などと言われたりするのだが、私は元来の怖がりで、飛行機が大嫌いだし、大の和食好きときている。だから、この定義にしたがえば、私ほど超国内派の人間はいないのだ。

非常に奇妙な定義ですが、ロジカルな文章になっています。しかし、果たして、この問題文を、ここまでロジカルに構成し直して解答していいのかどうか、僕にはわかりません。正直、僕は、この問題を作った京大の教官に、いったい、どのような意図でこの日本語を英訳させようとしたのか、また、ご自身なら、どんな英文をお書きになるのか、たずねてみたい気がします。『完全独学！ 無敵の英語学習法』（ちくまプリマー新書）の中で、僕は、京大の英文和訳問題を高く評価していますが、和文英訳問題だけは、ぜひ、見直していただきたいものです。こんな問題を出すから、「ガラパゴスだ」などという四技能化推進派からの不要な批判を招くのです。むしろ、設問を「英語圏の人たちにもわかるように、英語にまとめなさい」とするだけで、実に素晴らしい英作文の問題になるのに、と思います。

日本人がおこなうスピーチや、日本人が書く文章は、しばしばこのようにプレロジカルで、そのまま英語にしても、まったく英語ネイティブには通じないことがよくあります。僕も、空手関係のイベントで、日本人指導者の挨拶や実技指導の通訳を即興でさせられ、何度閉口したかわかりません。しかも、ひとことひとこと、ご丁寧に話を止めて、僕のほうを振り返り、通訳を促されるものですから、英語では正直に、「彼が言おうとしていることが、僕にはよくわかりません。はっきりするまで、もう少し待ってください」と説明して、ごまかしたこともあります。今では、事前に原稿をもらい、その内容を確認してからでなければ、空手の通訳は絶対に引き受けません。

しかし、逆に言うと、われわれのまわりには、「悪いお手本」がいっぱいあるということです。「我が振り直す」ためには、またとない環境と言えなくもありません。たとえば、新聞のコラムです。

お手本を三角ロジックで分解する④

ここでは、神戸新聞の「正平調」(二〇一五年十月三十日)を取り上げてみます。

ハンセン、シュワブ、コートニー、マクトリアス…。沖縄にある米軍海兵隊の基地の名称だ◆「琉球・沖縄史」（編集工房東洋企画）で、沖縄戦で戦功のあった隊員の名と教えられた。奪った命はいかほどか。その名を町の中の基地に刻み続ける。「無神経さはけっして正常のことではない」と、怒りを持ってつづる一節を読む◆米軍の無神経さに通じるのが、辺野古の埋め立てをめぐる日本政府の対応だ。沖縄県が埋め立て承認を取り消すや、不服審査を申し立てた。これは私たちが行政によって、権利や権益を脅かされたときの手段である。それを防衛省が用い、国交相が認める。「何とか芝居」もいいところ◆さらに、埋め立て反対の地元市の頭越しに、辺野古周辺の地区に直接振興費を渡すという。そして昨日、反対の声を押し切って本体工事が始まった。知事の嘆きのようなコメントが伝わる。「強権極まれり」◆9月、辺野古でこんな声を聞いた。「例えば福島の県民、市民が選挙で『原発ノー』と示したとする。それでも政府は、『原発は日本に必要』と、福島での原発再建に躍起になるだろうか？」◆沖縄だから政府は強引なのだ。沖縄では許されると思っているのだ。そう人々に言わしめる無神経さである。なりふり構わぬ政府の姿。背筋に寒いものが走る。

このコラムを三角ロジックに分解すると、図20のようになります。

議論は「帰納型」で、クレームは、最終文の「背筋に寒いものが走る」でしょう。「日本政府の沖縄への無神経な対応には、背筋が凍る思いがする」ということです。そして、そのデータとして、「米軍の無神経さ」を引き合いに出し、同質の「日本政府の無神経さ」の具体例が四つ、列挙されている……はずなのですが、もちろん、そうなってはいません。

神戸は僕の地元であり、神戸新聞は、横山家が長年愛読している新聞です（父も僕も、記事に取り上げてもらったことがあります）。そして、小学五年から空手を習っている僕にとって、沖縄は「第二のふるさと」です。だからこそ、もう少しロジカルに沖縄を擁護してほしかったと思います。

まず、列挙されている四つのデータは、すべて「米軍の無神経さ」と比較することができません。「同質」ではないのです。筆者が言う「米軍の無神経さ」の具体例は、「在沖縄米軍基地の名称が、沖縄戦で戦功を挙げたアメリカ人の名前である」ということです。ワラントは、おそらく「沖縄戦で軍功を挙げたアメリカ人ということは、

図20

日本政府の沖縄への対応は、米軍同様、
無神経で、背筋が凍る思いがする。

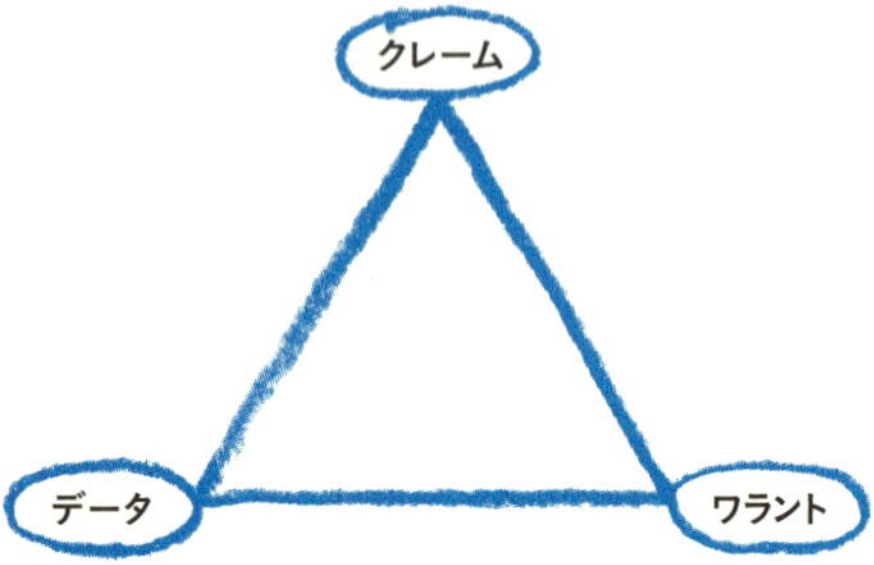

データ①

沖縄県の埋め立て承認取り消しに対して、政府が不服審査を申し立てた。

ワラント①

（本末転倒だ。）

データ②

反対している市を通さず、辺野古周辺の地区に直接振興費を渡そうとしている。

ワラント②

（日本の政治は直接民主制ではない。）

データ③

反対を押し切って、本体工事が始まった。

ワラント③

（民主主義に反する。）

データ④

本土（福島での原発再建）でなら許されないことが、沖縄ではまかり通っている。

ワラント④

（沖縄への差別である。）

大勢の沖縄人を殺傷したアメリカ人だということである」でしょう。もっと一般化すれば、「沖縄人に痛ましい戦争の記憶を思い起こさせる」です。これを引き合いに出して、データを列挙するのなら、同じワラントを持つものでなければ、意味がないのです。

一つひとつ検討していくと、データ①のワラントは、はっきり筆者も述べている通り、「不服審査は行政に対して申し立てるものであり、行政が申し立てるというのは、本末転倒だ」ということです。これは、あくまで「手続き上の問題」であって、「沖縄戦の痛ましい記憶」とは、まったく関係のないワラントです。

データ②のワラントは、「日本の政治は直接民主制ではない」でしょう。当たりまえのこととして、省略されてしまっているわけですが、これまた「政治制度の問題」であり、「沖縄戦の痛ましい記憶」とは無関係のワラントです。それどころか、データ①のワラントとも関係がないのです。

データ③のワラントも、省略されています。補うなら、「民主主義に反する」です。もはや、説明するまでもないでしょう。「沖縄戦の痛ましい記憶」とは、何の関係もありません。「民主主義に反したら、沖縄人の感情を逆撫でするじゃないか」と思うでしょうか。それこそが、日本人一流の「察し」であり、論理の飛躍です。「民主主義に反する」ことと「沖縄戦の痛ましい記憶を思い起こさせる」ことは、まったく別の話なのです。

データ④は、もっと無関係です。ここでもワラントは省略されていますが、明らかに「沖縄への差別である」でしょう。

つまり、すべての話がバラバラなのです。米軍基地の無神経さと、列挙された四つのデータ、合わせて五つの異なる論点がてんこ盛りになっていて、きちんと書き直すなら、五つの三角が必要です。つまり、書き直すことは不可能です。

朝日新聞の「天声人語」も、このようなプレロジカルな日本語の典型例です。その英訳がヘラルド朝日に掲載されていますが、それを英語リーディングの素材に用いることがいかに無茶苦茶なことかは、『高校生のための論理思考トレーニング』の第六章で論じた通りです。

第四章 ロジカル・スピーキング

自由英作文問題を素材に

では、ここから、三角ロジックを使って、スピーチをしてみましょう。すでに述べた通り、現代国語は言文一致です。ですから、スピーキング（話し言葉）とライティング（書き言葉）は、基本的には同じで、前者は「ですます調」、後者は「である調」と、文体が異なるだけです。つまり、「ですます調」で書くことができれば、そのままスピーキングの練習になります。

ロジカルに話すための練習問題としては、大学入試の自由英作文問題などを使ってみるといいでしょう。自分の意見をまとまった語数で論述させるタイプの英作文で、一橋大、東京外語大、大阪大、広島大、福井大、鹿児島大、慶應大（経）、早稲田大（政経・法・国際教養）、青山学院大（文・国際政経）などが出題しています。あるいは、英検一級の英作文問題や二次試験（面接）のスピーチ問題などでも構いません。

もちろん、これらの問題に「英語で」答えるとなると、語彙や文法の問題もあって、非常にハードルが高くなります。しかし、母語である日本語なら、ちょうどよい素材です。最初のうちは、一分を目安に（アバウトで構いません）、声に出して、自分の考えを述べてみましょう。

では、次の問題に答えてみてください。

問　子供にスマートフォンを持たせるに当たり、親はどんなことに注意すべきだと思いますか。

日本人が犯してしまいやすい間違いは、次のようなものです。

子供にスマートフォンを持たせるに当たり、有害なサイトにアクセスできないよう、親は、契約時に制限をすべきです。機能制限をし、暗証番号を管理した上で、自由にアプリのダウンロードができないようにすべきです。Twitterであれ、LINEであれ、そこで知り合った人とは、むやみに会ったりしないよう、注意すべきです。スマートフォンに費やす時間について、子供と約束を取り交わし、勉強がおろそかにならないようにすべきです。

一見、「どんなことに注意すべきか」という問いに、正しく答えているようです。しかし、みなさんなら、もうおわかりになるでしょう。これは、一つのクレームを繰り返しているだけです。「親が子供のスマートフォンの使用を監督すべきだ」というクレームを四つ、ただ羅列しているだけなのです。これでは、日本のインターネット上の無責任な書き込みやツイートと何も変わらない、ただの放言です。

図21

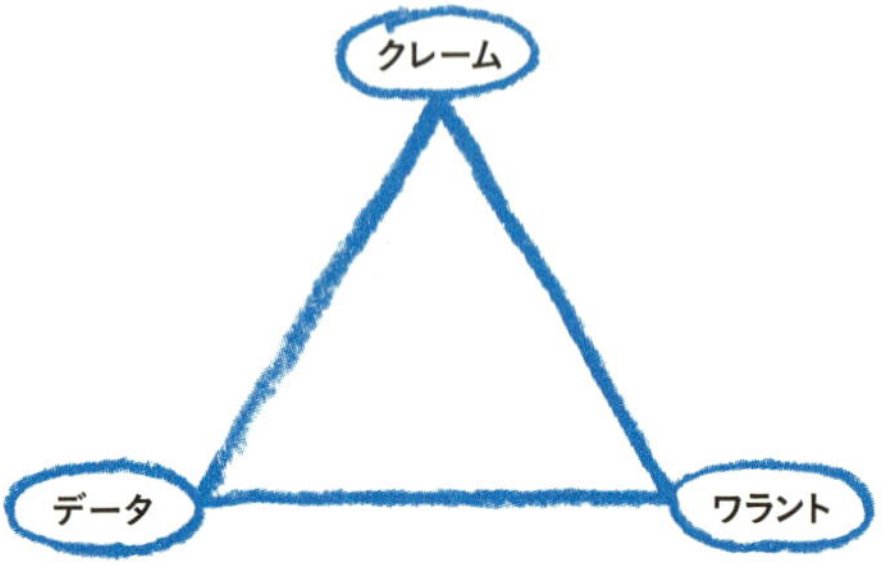

まず三角ロジックを組み立てる

ロジカル・スピーキング、ロジカル・ライティングでは、「一パッセージ＝一メッセージ」が原則です。一つのスピーチ、一つの文章につき、クレームは一つ。慣れないうちは、話し出す前に、三角ロジックを頭の中で組み立てましょう（図21）。

先ほどの「親が子供のスマートフォンの使用を監督すべきだ」をクレームに、データとワラントを考えてみてください。

論証責任は、「どのように、なぜ監督すべきか」です。いろいろなレトリックが考えられます。もっとも出しやすいのは、やはり「現状分析」でしょう。「性犯罪などの被害にあった十八歳未満の子供のうち、その八割は、スマートフォンを使って出会い系サイトにアクセスしている」などと、具体的な数字を挙げます（もちろん、当てずっぽうの数字は出してはならず、きちんと調べなければなりません。虚偽のデータを挙げることは、ディベートではタブーです）。あるいは、「引用」のレトリックを使って、「警察庁は、子供にスマートフォンを持たせる際、有害なサイトにアクセスできないよう、契約時に親が制限をかけるよう勧告している」としても、非常に説得的です。ここでは、これら二つのデータ（現状分析と引用）を列挙してみます。客観的事実なのですから、いずれもワラントは不要です（図22）。

　では、実際にスピーチにしてみましょう。ここからは、ロジックに慣れるためにも、演繹型だけを使います。「言わぬが花」の日本語では、どうしても言いたいことをあと回しにしようとするため、帰納型を使ってしまいがちです。無理に演繹型を使う訓練をしているくらいで、ちょうどいいのです。

子供にスマートフォンを持たせるに当たっては、親がその使用を監督すべきです。

図22

親が子供のスマートフォンの使用を監督すべきだ。

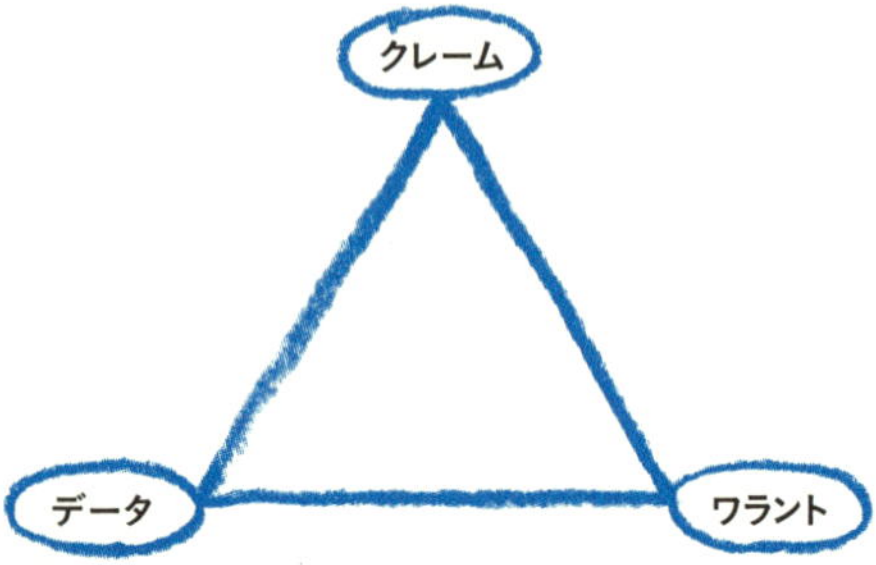

データ①

性犯罪などの被害にあった18歳未満の子供うち、その8割は、スマートフォンを使って出会い系サイトにアクセスしている。

ワラント①

不要

データ②

警察庁は、子供にスマートフォンを持たせる際、有害なサイトにアクセスできないよう、契約時に親が制限をかけるよう勧告している。

ワラント②

不要

性犯罪などの被害にあった十八歳未満の子供うち、その八割は、スマートフォンを使って相手と知り合っているという報告がありますし、警察庁も、有害なサイトにアクセスできないよう、契約時に親が制限をかけるよう勧告しています。

では、今度は、大学入試の自由英作文問題に挑戦してみます。早稲田大学国際教養学部の問題です。もちろん、オリジナルの問題文は英語ですが、日本語に訳して、掲げてみます。

問　子供たちは、ウソをつかないようにと教えられますが、実際には、ときに人はウソをつくことがあります。ウソをつくことは、果たしてよいことでしょうか。

ちなみに、大学入試の論述問題に、「正解」はありません。つまり、クレームの内容は問われません（そもそも、クレームの内容で合否が決まるなら、思想の自由を侵していることになります）。拙著『完全独学！無敵の英語勉強法』でも述べているように、小論文や自由英作文は、「思想チェック」ではなく、論述の作法（英作文の場合は、英文の構造も）が身についているかどうかを見るためだけのテストですから、「どちらか書きやすい方」を選んで書けばいいのです（思想や信条を披瀝《ひれき》するには、大学入試の論述問題は、字数制限が厳しすぎます）。この問題では、「ウソはよくない」より、「ついてもよいウソがある」の方が、はるかに書きやすいと思います。

ただ、普段のトレーニングでは、両方論述できるようにしましょう。ディベートでは、与えられた命題に対して、自分が"Affirmative"(肯定)か"Negative"(否定)、どちらのサイドに立つかは、くじ引きなどで決まります。スポーツ競技で「先攻」か「後攻」かを決めるのと同じです。「自分はこの意見に賛成だから、反対で論陣は張れない」では、ディベートになりません。これはスポーツ競技なのだと割り切って、形式としてロジックを運用する――三角ロジックを組み立てるトレーニングをするのです。

では、「よいことだ」をクレームに、立論してみましょう。まず、議論の前提(ワラント)として、「よいウソ」を「定義」しておかなければなりません。ここでは、「生きる力になるようなウソ」と定義してみます。その上で、ウソによって救われた、あるいは何かがうまくいった「エピソード」を考えます。ここでは、僕自身の体験をデータにしてみます(図23)。

スピーチにしてみましょう。

図23

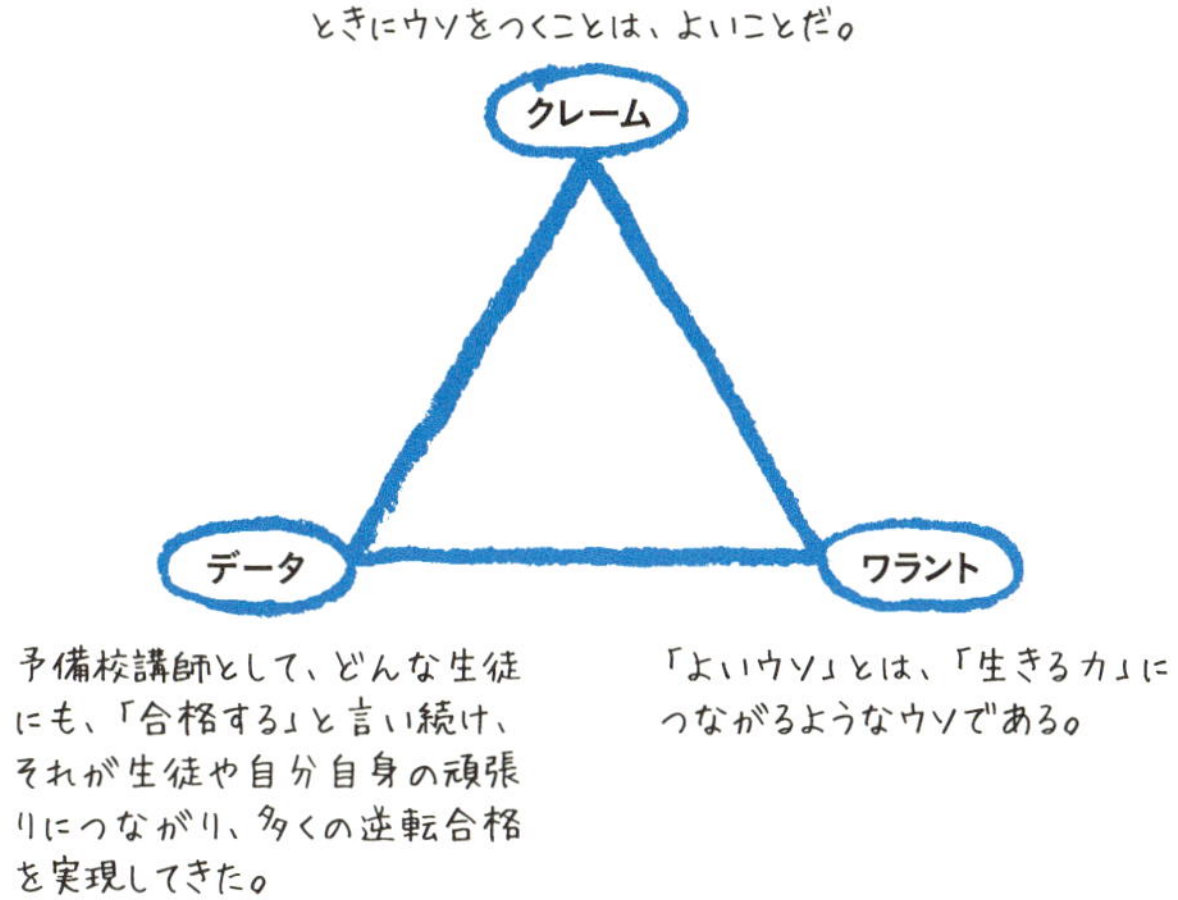
ときにウソをつくことは、よいことだ。
クレーム
データ
ワラント
予備校講師として、どんな生徒にも、「合格する」と言い続け、それが生徒や自分自身の頑張りにつながり、多くの逆転合格を実現してきた。
「よいウソ」とは、「生きる力」につながるようなウソである。

【スピーチ例】

ウソは、基本的に不誠実な行為であり、ついてはならないと思いますが、むしろつくべき「よいウソ」もあると思います。僕が考える「よいウソ」とは、それが「生きる力」につながるようなウソです。僕は、予備校講師として、どんな生徒に対しても、たとえ模試の結果が最低のE判定であっても、「必ず合格する」と言い切ってきました。そうすることで、生徒たちが元気を出して、ドタンバの頑張りを見せたばかりか、僕自身が、自分の言葉を実現するために、より一層授業に打ち込むようになりました。結果、父兄や学校の教師が驚くような逆転合格をたくさん生み出してきました。「分相応に志望校を下げろ」と、いわゆる偏差値的指導をしていたら、今日の予備校講師としての僕はないでしょう。

おそらく、「よいウソ」と聞くと、ほとんどの人が、「ガンの告知」や「余命の告知」を連想するだろうと思います。実際、すべての予備校や参考書が、そのように解答しています。しかし、医療倫理や生命倫理といった大問題に踏み込んでしまうと、とても一人では手に負えなくなります。なるべく、小さく具体的な、自分自身の手元で扱い切れるようなデータを考えるようにしましょう。

ほかには、「ウソも方便」という仏教の説話を「引用」してもいいかもしれません。「ウソも方便」は、『法華経』という経典に記された「三車火《さんしゃか》宅《たく》」の説話に由来するものです。これほど有名な経典を引用するのですから、権威づけは十分で、ワラントは不要でしょう（図24）。

図 24

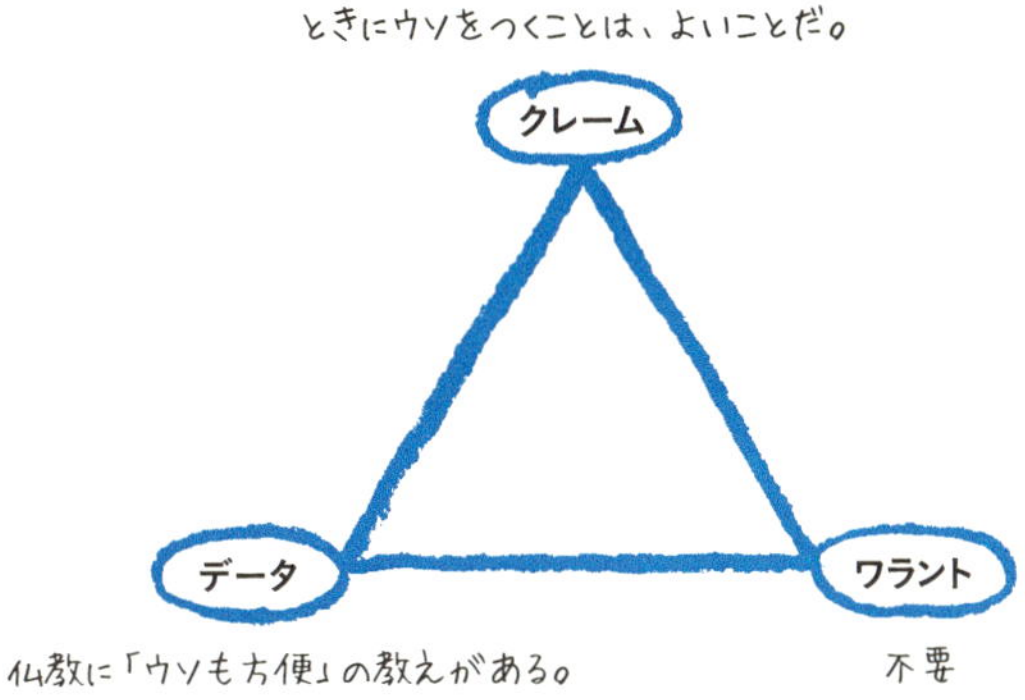
ときにウソをつくことは、よいことだ。
クレーム
データ
ワラント
仏教に「ウソも方便」の教えがある。
不要

【スピーチ例】

現実の生活において、私は、ウソは必要だし、むしろ積極的につくべきときがあるとも思います。「ウソも方便」ということわざがあります。これは、もとは仏教の説話に由来するものです。すなわち、ある長者の家が火事になり、身に危険が迫っているのに、子供たちが呑気に遊んでいるため、「外に出てきたら、欲しがっていたものをあげよう」と言って、全員を救い出したという話です。これと同じように、とくに子供の教育においては、方便としてウソをついた方がいいことがあると思います。

†「立論」が難しいときは「反論」を考える

では、ここからは一転、「どんなウソもよくない」をクレームに、論述してみましょう。先ほども述べたように、このテーマでは、「ときにウソは必要」をクレームに立論するほうが簡単なのですが、積極的に立論することが難しそうな場合は、「反論」で議論を進められないか、考えてみます。つまり、反論しやすそうな「仮想敵」を想定し、それに対して「アンチテーゼ」を提示する形で、ロジックを立てるのです。そして、このような場合の「仮想敵」は、立論のときとは逆に、なるべく大きい「一般論」を持ってきます。

二十世紀最大の科学哲学者カール・ポパーによれば、厳密な意味で、科学的命題を「立証」することは不可能です。「カラスは黒い」という命題が「絶対に正しい」ということは、誰にも言えません。そのためには、世界中のカラスだけでなく、タイムマシーンで過去にさかのぼり、地球上に存在したすべてのカラスを一羽残らず検証しなければならないからです。**一方、反証は簡単です。たった一つ、「例外」を見つけれ**

ばいいのです。

ちなみに、ポパーの科学方法論は、この反証に基づくもので、「反証主義」と呼ばれます。ポパーによれば、科学的発見は「帰納」によります。直観的な「ひらめき」です。「Aというカラスは黒い」、「Bというカラスも黒い」、「Cというカラスも黒い」という事実の観察から、「そうか、すべてのカラスは黒いんだ！」という「ひらめき」に至ります。ポパーは、これを「帰納的飛躍」と呼んでいます。

では、この「ひらめき」の正しさを、どう確認すればいいのか。ポパーは、「反証だ」と言います。科学者の仕事は、命題を立証することではなく、反証すること、すなわち「演繹的に検証すること」です。「正しい」命題とは、あまたの科学者が反証を試み、それに耐えてきた命題です。それが、いわゆる「科学的真理」なのですが、もちろん、「今のところ正しい」＝「今のところ反証されていない」命題に過ぎません。もし反証例が見つかれば、その命題は修正されます。そうやって、科学は進歩していくわけです。

自然科学は、まさに純粋論理の世界ですが、演繹と帰納のロジックを使う以上、同じことが、人文や社会でも――さらに下って、日常生活（ディベート）でも言えます。極端なことを言えば、自分自身を反証例にして、「私自身がそうではありません」と言ってしまえば、すむわけです（もちろん、それではあまりに客観性を欠き、子供のケンカになってしまいますが）。

ですから、ディベートでも、立論側は「みんな」とか「すべて」、「必ず」といった、例外を認めない極論はしません。「みんな」と口にしたら最後、反証例を挙げられるとアウトです。日本人は主客をわけませんし、「和をもって尊し」としますから、非常にしばしば「みんなそうだ」という言い方をしますが、ロジックを使っているときは、避けなければなりません。たとえば、小学一年生のメアリーと母親の会話をみてください。

メアリー　お母さん、バービーちゃんを買って。（クレーム）
母親　どうして？（論証責任を果たすよう求める）
メアリー　クラスの女の子は、みんな持ってるの。（現状分析でデータを挙げる）

母親　だったら、どうしてメアリーにも買わないといけないの？（ワラントを求める）
メアリー　それは、私だって女の子だもの。（ワラントを挙げる）

最後の「私も女の子だ」というワラントを否定することはできませんが、メアリーは、データとして「クラスの女の子はみんな持っている」と現状分析しています。これが致命的です。お母さんは、「本当に、みんななのね？　お母さんは、全員に電話して聞くけど、いいのね？」と言えばいいだけです。

アメリカ人の子供は、こうしてロジック武装していくのです。小学校高学年ともなれば、この程度のロジックは、軽く使いこなします。

メアリー　お母さん、バービーちゃんを買って。（クレーム）
母親　どうして？（論証責任を果たすよう求める）
メアリー　クラスの女の子の三分の二が持ってるの。（現状分析でデータを挙げる）
母親　だったら、どうしてメアリーにも買わないといけないの？（ワラントを求める）

メアリー　アメリカは民主主義の国でしょ。（ワラントを挙げる）

民主主義の命題は、「最大多数の最大幸福」です。「最大多数がバービーを持っているのだから、バービーを持つことが最大幸福だ」というワラントになるわけです。

やや話が逸れてしまいましたが、ですから、反論の形で議論を進める場合、「仮想敵」は、なるべく反証しやすい「一般論」や「抽象論」がいいのです（逆に、自分が立論する場合は、避けなければなりません）。

ここでは、「ガン告知や余命の告知など、ウソをついた方がいい場合がある」という一般論に対して、反論してみます。個人的な体験など、「エピソード」をデータに使うと、それこそ主観と主観の泥仕合になりかねません。できるだけ客観性を担保するためにも、「現状分析」をデータに考えます。

まず、「医療の現場では、ありのままに告知をするのが、世界の主流である」という客観的な事実を挙げることができます。もちろん、ワラントは不要です。さらに、「どんな厳しい現実でも、本当のことを知らせないのは、人権思想に反する」という

図 25

仮想敵：「ガン告知」や「余命の告知」では、ウソをついてもよい。
クレーム(アンチテーゼ)：本当のことを言った方が良い。

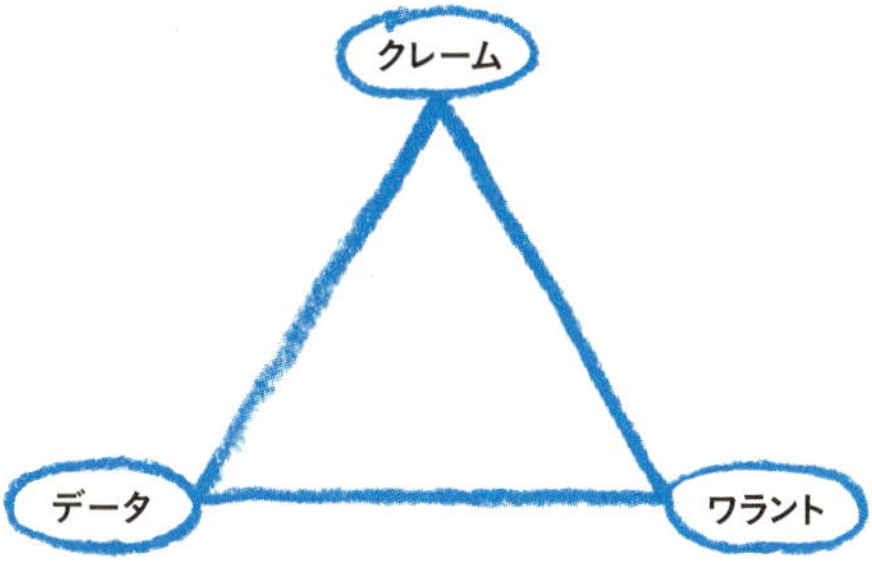

データ ①
ありのままに告知するのが、世界の主流である。

ワラント ①
不要

データ ②
どんなにつらい事実でも、それを伝えないのは、人権侵害である。

ワラント ②
(わが国は民主主義国家(人権国家)である。)

事実を挙げることもできるでしょう。このデータのワラントは、「わが国は、人権思想に立つ民主主義国家である」ですが、これもあまりに当たりまえのことで、省略することができます。
図25の三角ロジックでスピーチをしてみましょう。

【スピーチ例】
「ガン告知」や「余命の告知」などで、患者本人には本当のことを知らせない方がよく、そのような場合は、ウソをついても

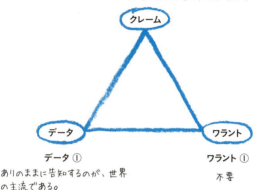

構わないと主張する人がいます。しかし、私は、どんなに厳しくつらい現実であっても、偽らずに知らせるべきであると思います。第一に、医療の現場では、ありのままに告知するのが、世界の主流です。それは、告知した方がよい結果につながるという事実を示しています。また、たとえ愛する家族であっても、その人がどう生きるかを決めることはできません。正しい情報を知らされないのは、やはり、自己選択や自己決定を阻む人権侵害であると、私は思います。

では、次の問題です。

問 最近、多くの鉄道会社が設けている女性専用車両について、賛成か反対か、あなたの意見を述べなさい。

これは、早稲田大学法学部が出題した自由英作文の改題ですが、これを現役の大学生に解答してもらったところ、次のような答案が出てきました（英語の答案ですので、和訳して掲げます)。

私は、広く女性専用車両を設けることには反対です。というのも、女性専用車両を設ける主な理由は、混み合った車両で、女性を男性の痴漢行為から守ることだからです。したがって、女性専用車両の設置は、朝と夜のラッシュアワーに限定すべきです。それほど混んでいない時間帯に女性専用車両を設けるのは、女性の乗客に対する過度の配慮であり、むしろ鉄道会社のイメージアップの手段に過ぎないのではないかと思います。

残念ながら、これでは〇点です。まず、このスピーチは、問題そのものをすり替えています。与えられた命題は、「女性専用車両の設置に賛成か反対か」であって、「設置時間」の問題ではありません。また、「女性専用車両を設ける主な理由」＝「女性を男性の痴漢行為から守ること」、「痴漢行為が起こる時間帯」＝「ラッシュアワー」、「女性車両の設置」＝「鉄道会社のイメージアップの手段」などという、それ自体、議論の対象となるべきことが、いくつもナイーブに前提されています。

日本人のスピーチは、このように八方美人的で妥協的なものになりがちです。ディベートでは、FOR（賛成）かAGAINST（反対）か、ひとたびどちらかの立場に立てば、その立場を貫き通します。最初から条件をつけるのではなく、「女性専用車両」という発想そのものの是非について論じ合い、二つの異なる主張を止揚して、よりよい解決策を導くのです。「設置時間を制限する」などという案は、もっと議論が進んでから出てくるべきものです。

その意味で、日本でもっともロジックに忠実に、正しいディベートが行われているのは、弁護士の弁論でしょう。原告の代理人、被告の代理人とも、たとえ和解が念頭にあったとしても、少しでもそれを有利に進めるために、まずは全面勝訴を目指して弁論を行います。

この問題でも、FOR（賛成）ならFOR（賛成）、AGAINST（反対）ならAGAINST（反対）と、堂々と自分の立場を立論すればいいのです。では、まず賛成論から考えてみましょう。当然、考えられるデータは、「痴漢行為」という現状分析です。これは、重大な人権侵害、犯罪行為なのですから、たとえ一件でも電車の中で痴漢行為が発生していれば、それだけで十分、民主主義社会において改善を要すべき問題です。「ラッシュアワーに限定すべき」という議論に備えて、「時間帯に関係ない」というデータがあれば、なおいいでしょう。それからもう一つ、痴漢行為の防止に女性専用車両が役立っているというデータがなければなりません。可能なら、「現時点で女性専用車両設置以外の有効な解決策がない」ということも付言します。レトリックは「現状分析」で、四つのデータを列挙することにします（図26）。

これをスピーチとして、まとめてみましょう。

【スピーチ例】

私は、基本的に女性専用車両を設置することに賛成です。電車の中で、女性が痴漢被害に遭う事例はあとを絶たず、ラッシュアワーばかりか、日中でも、悪質な強制わいせつ事件が起きています。これは、きわめて深刻な女性の人権侵害です。女性専用車両の効用について、たとえば大阪市交通局は「一定の効果はあった」としていますし、効果は「非公表」や「不明」とする鉄道会社はあっても、「効果なし」とする鉄道会社はありません。現状では、痴漢防止の具体的な代替案が出ておらず、女性専用車両の設置に反対する理由はないと思います。

では、反対論はどうでしょうか。痴漢が女性に対する重大な人権侵害であり、犯罪であることは、明らかです。したがって、この問題に関しては、賛成論より反対論を立てることの方が難しそうです。女性専用車両の目的は、言うまでもなく、女性を守ることなのですから、「当の女性たち自身が、むしろ女性差別だと抵抗を感じている」と言えるのが、一番いいでしょう。本格的なディベートであれば、事前リサーチとして、そのような内容の新聞記事や刊行物を探すことになります。もし見つからなければ、インタビュー調査を行ってデータとするのですが、日常会話なら、「自分の友人の女性は利用していない」で十分です。また、「痴漢には、女性や同性愛者による男性の被害者もいる」という事実も、データとして有効です。ただし、このデータを挙げるなら、「公平に男性専用車両も設けるべき」という議論はできません。男性専用

図 26

女性専用車両設置はいいことだ。

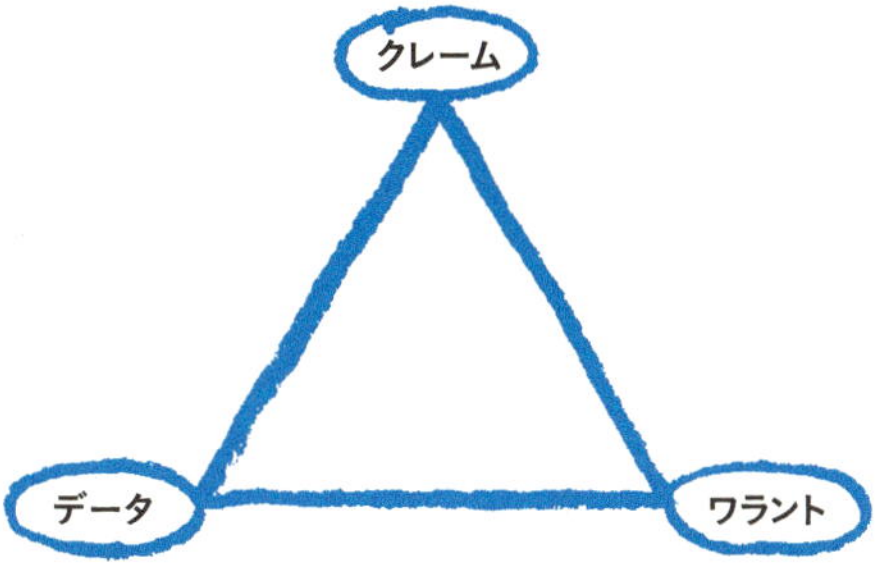

データ	ワラント
データ ① 女性を狙った痴漢行為が、電車内で多発している。	ワラント ① 女性に対する人権問題である。
データ ② 白昼堂々、大勢の乗客の面前で、強制わいせつが行われた例もある。	ワラント ② 不要
データ ③ 「一定の効果はあった」とする鉄道会社が多い。「非公表」や「不明」という回答もあるが、少なくとも「効果はなかった」とする鉄道会社はない。	ワラント ③ 不要
データ ④ 現状では、女性専用車両への代替案が出ていない。	ワラント ④ 不要

車両を設けても、男性同性愛者による犯罪防止にはつながらないからです。

以上、やはり賛成論と同様、レトリックは「現状分析」で、データをいくつか列挙することになります。最後に、「プラン提示」をすることも、忘れないようにしましょう。ただ否定するだけではなく、「ではどうすればいいのか」の解決策を提示するのです。

この三角ロジック（図27）で、スピーチをつくってみます。

【スピーチ例】

私は、女性専用車両の設置に反対です。まず、その対象者である女性たち自身のあいだに、むしろ女性差別であるという反発があり、私の友人の女性たちの中にも、あえて女性専用車両には乗らないという人が多くいます。また、電車内での痴漢の被害者は、女性だけではなく、女性や同性愛者による男性、とりわけ男子中学生や男子高校生の痴漢被害も多く報告されています。こうした事実をかんがみて、私は、車内に監視用の防犯カメラを設置し、さらにその事実を周知すればいいのではないかという

図27

女性専用車両はよくない。

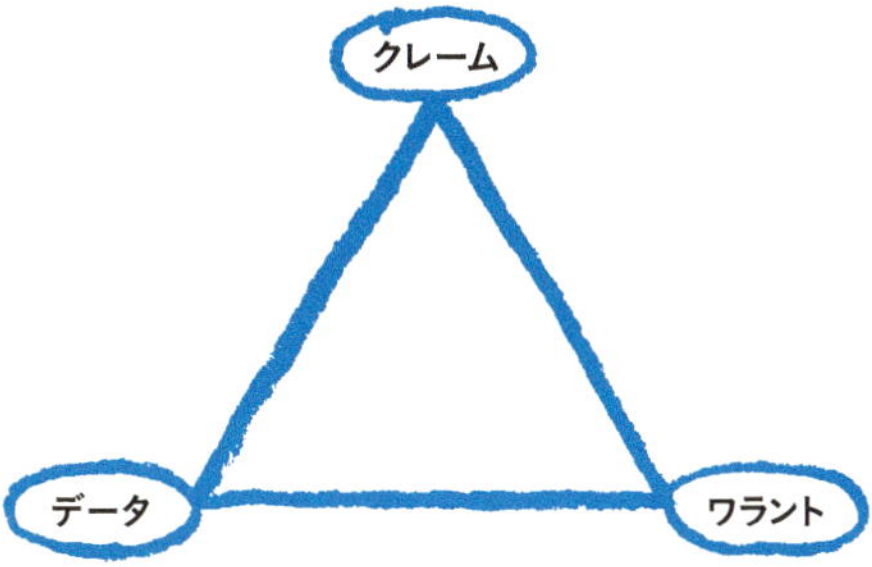

データ	ワラント
データ① 女性たち自身が、むしろ女性差別だと抵抗を感じている。	ワラント① 不要
データ② 電車内での痴漢の被害者は、女性だけではなく、男性もいる。	ワラント② 不要
データ③ 監視カメラを設置した方が良い。［プラン提示］	ワラント③ 埼京線が車内防犯カメラを設置したところ、痴漢が半減した。

気がしています。埼京線が防犯カメラを設置したところ、痴漢が半減したということで、その抑止効果は大きいと思います。

では、最後の問題です。ここまで学んできたことを踏まえ、自分自身で、賛成論と反対論、両方でスピーチをしてみてください。

問　あなたは、電子書籍が紙書籍に取って代わると思いますか。

すでに感じておられることと思いますが、テーマが少し社会的なものになっただけで、"what to speak"（何を話すか）——そのテーマに関するワラント（背景知識）のプレゼンスが、一気にアップします。「ラーメンよりカレーが好き」とか、「演歌はきらい」などといった、たわいもないテーマなら、ほとんどまったくワラントは要りません。「三角ロジック」の立て方、つまり"how to speak"（どう話すか）さえわかっていれば、簡単です。しかし、問題の社会性が、たとえば先ほどの「女性専用車両の是非」程度に上がっただけで、「もうお手上げだ」という人も少なくないのではないでしょうか。もし女性専用車両についてのワラントがなければ、"what to speak"（何を話していいか）すらわからず、三角ロジックを立てることができないのです。

ディベートであれば、事前のリサーチが可能ですが、パブリック・スピーキングや大学入試の小論文では、まさにこのワラントが、大きい問題になります。ふだんから、新聞に目を通したり、知識系の新書を読んだりして、極力、現代社会についてのワラントを増やすように心がけましょう。

さて、「電子書籍は紙書籍に取って代わるか」という命題を与えられると、ほとんどの日本人が、賛成論なら「持ち運びに便利だから」、反対論なら「紙の本が好きな人もいるから」と答えると思います。しかし、これでは「どのように、なぜ便利なのか」、「紙の本が好きな人がいたら、なぜ滅びることはないのか」と、議論が堂々めぐりになってしまいます。

この命題で、ロジカルな議論をしようとするなら、真っ先に考えなければならないレトリックは「現状分析」、つまり、電子書籍の「普及率」です。「なるべく客観的に、なるべく民主的に」が、ロジカルな思考の基本です。

出版科学研究所の調べによると、書籍市場がどんどん縮小する中、電子書籍の売れ行きは伸び続けており、すでに書籍全体の約八パーセントを占めています。当然、電子書籍の市場は、これからもっと大きくなっていくでしょう。

また、総務省の「電子書籍に関する利用状況についての調査研究報告書」(平成二十二年)によれば、電子書籍の利用度・認知度ともに、十代、二十代の若者の間では、五割から六割と、非常に高いことがわかっています。この事実をワラントとして、電子書籍の普及率は、今後ますます高まっていくと言えそうです。賛成論では、まず、こうした統計をデータに挙げることになるでしょう。

加えて、僕なら、かつての「ベータとＶＨＳ」のいわゆる「ビデオ戦争」を「対比」に使うだろうと思います。一九七〇年代、一般にビデオが出回り始めた頃、「ベータ」と「ＶＨＳ」という二つの規格がありました。実は、ベータの方が高品質でコンパクトであり、製品としては、より優れた性能を持っていました。ハイアマチュア、つまりオタク層から圧倒的な支持を受けたにもかかわらず、ベータはＶＨＳに完敗し、市場から姿を消します。その理由は、ＶＨＳの方が安く、デッキが軽かったからだと言われています。ベータのデッキは重く、配送を頼まなければならないのに対して、ＶＨＳのデッキなら、自力で家まで運ぶことができました。この一般ユーザーのニーズが、ＶＨＳ圧勝の原動力でした。

ひょっとしたら、電子書籍と紙書籍においても、同じことが起こるのではないでしょうか。Amazon が販売している電子書籍（Kindle 版）は、紙書籍よりも十パーセントから七十パーセント廉価です。また、重い本を運ぶ必要もありません。電子書籍を利用する理由として、回答者の五十パーセントが「携帯性」を挙げています。スマートフォンやタブレット、あるいは電子書籍端末がさらに普及・進化するにつれ、電子書籍派が主流となれば、ベータと同じように、最終的に紙書籍が駆逐されてしまう可能性は大きいと言えるでしょう。

以上をまとめると、図28のような三角ロジックができます。では、これをスピーチにしてみましょう。

【スピーチ例】

私は、紙書籍は電子書籍によって取って代わられてしまうと思います。「本離れ」が叫ばれ、書籍や雑誌の市場がどんどん縮小している中、電子書籍の売れ行きだけは伸びており、すでに市場全体の八パーセントを占めています。また、十代、二十代の若者の六割近くが電子書籍を利用しています。彼らが労働力となり、購買力を持つ将来には、その割合はもっと高まることでしょう。ここで、私が連想するのは、かつての「ビデオ戦争」です。ベータは高品質で、ハイアマチュアから圧倒的な支持を受けたにもかかわらず、性能に劣るVHSに駆逐されてしまいました。VHSの方が安く、デッキも軽く持ち運びが楽だったからです。VHSの勝利を決定づけたのは、松下幸之助氏によるVHS採用だったというのは有名な話ですが、その理由として、松下氏は、「VHSレコーダーは、購入者が自分で持って帰ることができる」ことを挙げています。同じように、紙書籍と比べて、電子書籍は十パーセントから七十パーセントも安く、多くの利用者が述べているように、携帯がとても楽です。私は、紙書籍はベータと同じ運命をたどるのではないかと思っています。

ここで、少し趣向を変え、図28のスピーチをロジカルに批判してみましょう。ディベートでいう"Affirmative Construction Speech"（肯定側立論）を受けての"Negative Constructive Speech"（否定側立論）です。「電子書籍は紙書籍に取って代わることはない」という命題を積極的に立論するのではなく、あくまで相手が立ててきた三角ロジックを崩します。ロジカルな反論では、クレーム自体を攻撃してはなりません。デ

図28

電子書籍は紙書籍に取って代わるだろう。

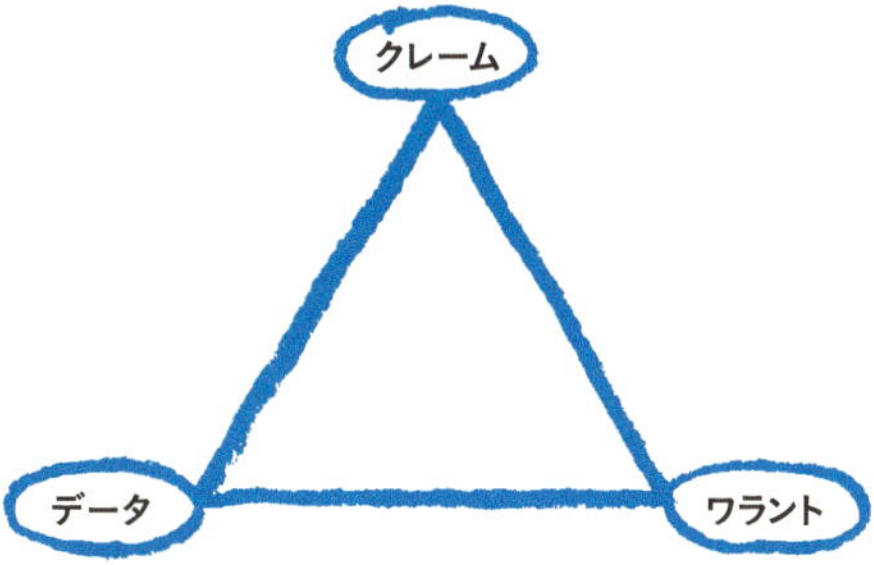

データ	ワラント
データ ① 書籍市場全体は縮小しているのに対して、電子書籍は伸び続けている。	**ワラント ①** 不要
データ ② 電子書籍の利用者は、今後増えていくと思われる。	**ワラント ②** 10代、20代の若者の6割近くが電子書籍を利用している。
データ ③ かつての「ビデオ戦争」と同じことが起こると思われる。	**ワラント ③** 紙書籍より電子書籍の方が廉価であり、多くの利用者が言うように、持ち運びが楽である。

ータかワラントを崩すことで、三角を――ひいてはクレームを――崩す。それが、ロジカルな批判の鉄則です。

図29を見てください。まず、データ①に関しては、「電子書籍のみの利用者数を提示してほしい」と求めましょう。「私ごとで恐縮ですが」と断りながら、「私も電子書籍を利用しますが、同じくらい紙書籍も利用しています。そのような人は、きっと多いのではないでしょうか」と述べておけば、相手のデータをより強く揺さぶることができます。ここで、「電子書籍の利用者で、紙書籍も利用している人は多い」と言い切ってしまうと、こちらがその論証責任を負い、「では、その数を出せ」と言われてしまいますから、くれぐれも気をつけなければなりません。あくまで、「あなたの提示するデータに不備があります。もっと説得力のあるデータを出してください」という立場を貫くことです。

ワラント②にも、「その六割は、本当に電子書籍のみを利用しているのか」と、質《ただ》すことができるでしょう。加えて、「残りの四割が電子書籍を利用しない理由は何なのか」と質問してみてもいいと思います。あくまで、質問です。こちらが新たな論証

図 29

電子書籍は紙書籍に取って代わるだろう。

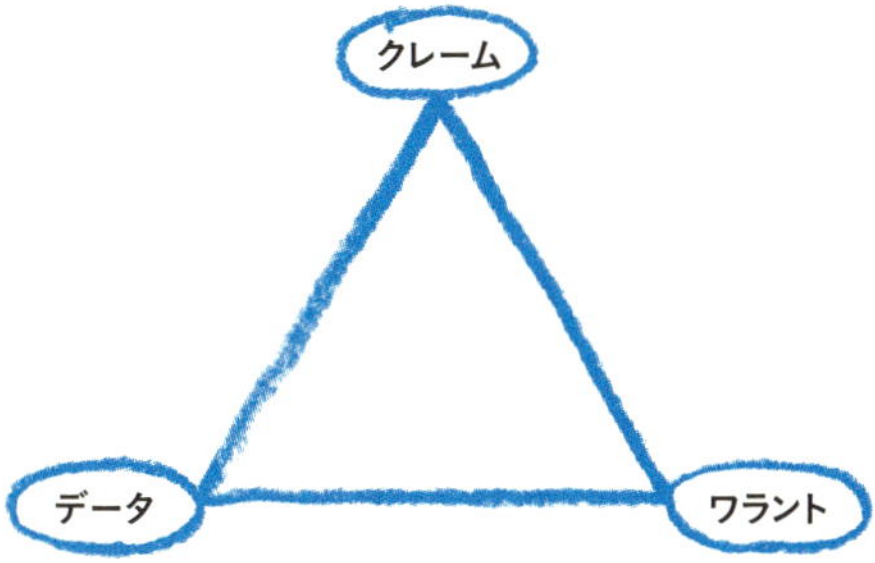

データ ①

書籍市場全体は縮小しているのに対して、電子書籍は伸び続けている。

電子書籍の利用者は、電子書籍だけを利用しているのか？
電子書籍のみの利用者数のデータはあるのか？

ワラント ①

不要

データ ②

電子書籍の利用者は、今後増えていくと思われる。

ワラント ②

10代、20代の若者の6割近くが電子書籍を利用している。

その6割は、電子書籍のみを利用しているのか？ 残る4割が、電子書籍を利用しない理由は何か？

データ ③

かつての「ビデオ戦争」と同じことが起こると思われる。

ワラント ③

紙書籍より電子書籍の方が廉価であり、多くの利用者が言うように、持ち運びが楽である。

単純な比較はできない。（図 30 へ）

図 30

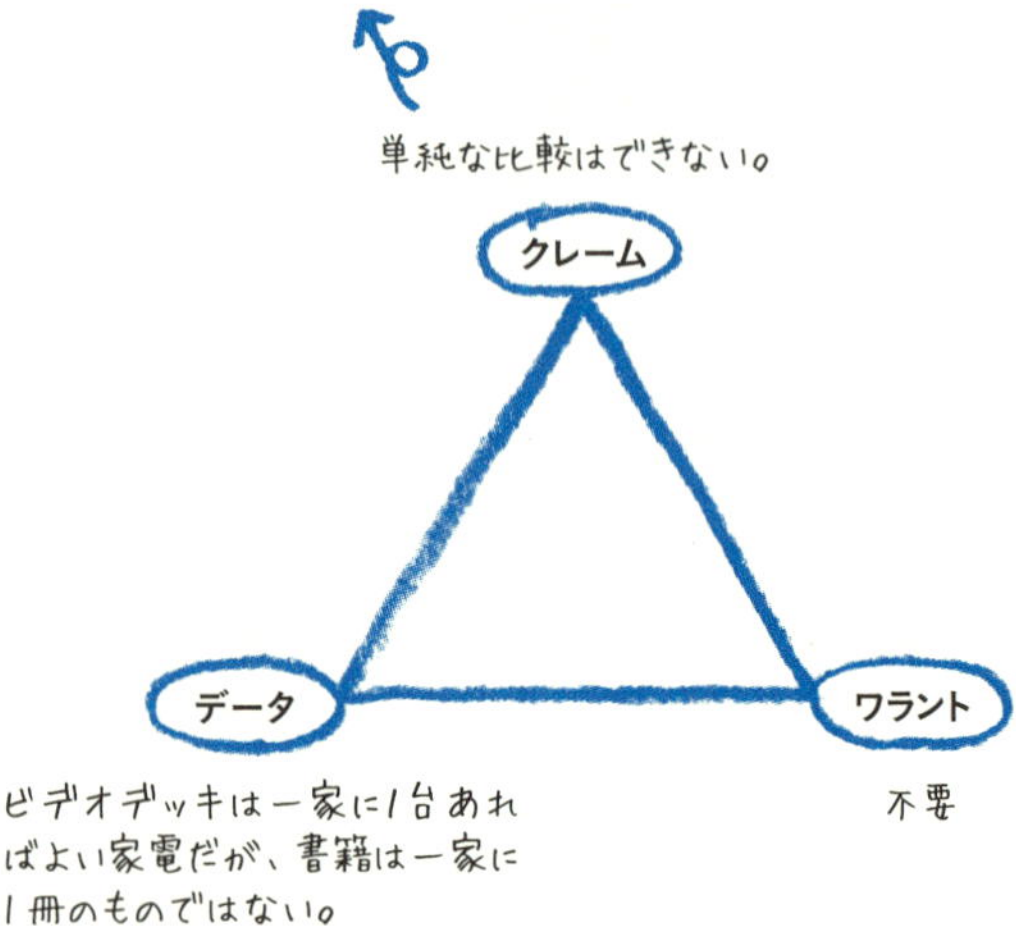

責任を負ってしまうようなクレームは、決して口にしてはなりません。

最後のデータ③に対しては、「単純な比較はできない」と反駁しますが、ここで「どのように、なぜ単純な比較はできないのか」という新たな論証責任を負ってしまうため、こちらが三角ロジックを立てなければなりません（図30）。ビデオデッキは「一家に一台」の家電であり、「ベータかVHSか」は、消費者にとって二者択一の問題でした。しかし、書籍は家電ではありません。「一家に一冊」のものではないのです。

以上の内容でスピーチ原稿をつくるなら、段落は二つになります。最後のデータ③への反論は、別の段落を用意して、論証しなければならないからです。

では、スピーチにしてみましょう。「あなた」と呼びかけるのは、少し違和感があるので、相手の名前は「横山さん」で、反論してみます。

【スピーチ例】

横山さんのおっしゃることについて、若干異論がございまして、僭越ながら、私の思うところを述べさせていただきます。横山さんは、「電子書籍が紙書籍に取って代わるだろう」とおっしゃり、三つの理由を挙げておられます。一点目は、この出版不況の中で、電子書籍の市場は伸びていること。二点目は、とくにこれからの社会を担う十代、二十代の若者たちの六割が、すでに電子書籍を利用していること。これら二点に関して、横山さんには、「彼ら電子書籍の利用者は、本当に電子書籍のみを利用しているのか、紙書籍はまったく利用していないのか」ということを、お伺いしたいと思います。私自身、電子書籍を利用しますが、同じくらい、紙書籍も利用します。

そのような人が、電子辞書利用者の中に大勢いるのではないでしょうか。とくに、私が気になるのは、残る四割の若者が、電子書籍を利用しない理由です。その点、いかがでしょうか。

それから、三点目の理由として、かつての「ビデオ戦争」におけるベータを紙書籍、VHSを電子書籍になぞらえておられるわけですが、これは無茶な比較です。ビデオデッキは、「一家に一台」の家電なのですね。消費者は、その一台を「ベータにするかVHSにするか」、二者択一を迫られたわけです。しかし、書籍は「一家に一冊」のものではありません。「この本は紙書籍で読むが、あの本は電子書籍で読む」でも何の問題もないわけで、「紙書籍か電子書籍か」と「ベータかVHSか」は、まったく次元の異なる問題です。

英語なら、もっとダイレクトに主張することができるのですが、主客一体で「和をもって尊しとなす」日本語の、しかも「ですます調」では、どうしても、このようにオブラートに包んだような言い方になってしまいます。これも、明治の知識人たちが生み出した現代国語の宿命です。もともとロジックの道具ではない日本語を使う以上、これはやむを得ないことです。どうか、みなさんそれぞれに、ご自身のスタイルを確立していただきたいと思います。

†レトリックを実践してみよう!

では、最後の問題です。「電子書籍が紙書籍に取って代わることはない」を命題に、立論してみてください。電子書籍の市場が伸びていることは事実であり、それを否定することはできません。僕なら、「環境問題」と結びつけて論じるだろうと思います。

よく言われる電子書籍の利点は、紙書籍に比べてエコロジカルだということです。たとえば、二〇〇八年にアメリカで紙書籍を生産するために伐採された木は一億二千五百万本、生産から廃棄までの本のライフサイクル全体での二酸化炭素排出量は、一冊につき約七・五キロ(書店まで自動車で出かけた場合はその二倍)だそうです。書籍を電子化すれば、これらの数値は、当然一気に下がると思われますが、ことはそれほど単純ではありません。

言うまでもなく、電子書籍を読むためには、専用端末が必要です。そのディスプレイの製造には、コルタンなどの大量の再生不能な鉱物を採掘しなければなりませんし、バッテリーの製造には、枯渇の恐れのあるリチウム資源が必要です。しかも、それらの生産過程で、大量の二酸化炭素を排出する上に、端末自体が二酸化炭素を排出するため、結局、紙書籍と差し引きゼロになるのではないかと言われています。また、電子書籍の専用端末は、二酸化炭素だけではなく、重篤な呼吸器疾患を引き起こす窒素酸化物や硫黄酸化物も排出します。こうした端末機器の環境への悪影響についての認識が、徐々に広がりつつあります。

このように、「書籍を電子化しても、環境問題は減るどころか、かえって増える」と論じたいわけですが、依然、森林伐採の問題が残ります。これには、「再生紙の利用」というプランを提示しておきましょう。

以上は、「現状分析」のレトリックです。さらにもう一つ、僕なら「エピソード」のレトリックを使います。つまり、自分自身の体験として、紙書籍の「機能性」を指摘したいのです。僕は、Wordソフトを使って本の原稿を書きますが、ディスプレイ上で校正をすることは、ほとんど不可能です。ディスプレイでは、まったく気がつかなかった誤植に、プリントアウトした紙の上でなら、一目で気がつきます。ところが、目を皿のようにしてプリントアウトを何度もチェックし、「これでもう大丈夫」と思っても、いざ「本」になってできあがってくると、いくつも間違いが目に飛び込んできます。たとえて言えば、間違っている箇所が「呼んでくれる」ような感覚です。同じような体験を、多くの著者が持っていると思います。

これは、紙書籍という「形態」そのものが持つ機能性でしょう。原稿の校正だけではありません。「この情報がほしい」と思って本を読むとき、まるで「呼ばれる」ように求めている情報に出会う体験をしたことがある人は、きっと多いはずです。現在われわれが見る「本」という「形態」が、長い人類の歴史の中で生き残ってきたことには、やはり大きな意味があると思うのです。それは、先人たちが遺してくれた財産であり、文化だと言えないでしょうか。

以上をまとめると、図31のような三角ロジックになります。スピーチにすると、こんな感じです。

図 31

電子書籍が紙書籍に取って代わることはないだろう。

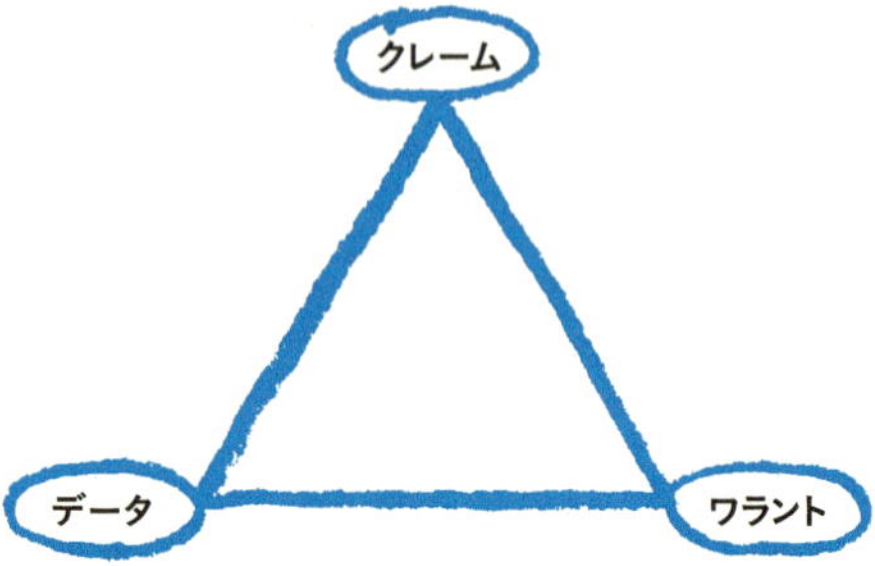

データ ①

電子書籍が紙書籍以上に環境に悪影響を与えるという認識が広がっている。
森林伐採という問題には、再生紙の利用を推進することで対応すれば良い。[プラン提示]

ワラント ①

不要

データ ②

「本」という形態には、長い人類の歴史の中で生き残ってきた素晴らしい機能性がある。

ワラント ②

不要

【スピーチ例】

私は、電子書籍が紙書籍に取って代わることはないだろうと思います。実は、多くの人が考えるほど、電子書籍はエコロジカルではありません。電子書籍を読むために必要な端末機器は、二酸化炭素だけでなく、窒素酸化物や硫黄酸化物を排出しますし、ディスプレイヤバッテリーを生産するためには、多くの貴重な天然資源が必要です。もちろん、紙書籍をつくるための森林伐採は大きな問題ですが、これには再生紙を利用することで、対策が可能だと思います。

もう一つ、紙書籍という「形態」が持つ「機能性」を指摘しておきたいと思います。多くの著者が、パソコンの画面や、ゲラでどれほど入念に校正しても見つからなかった誤植が、紙書籍の形になった途端に、浮き上がるようにして見つかって困る、と語っています。つまり、機能的なのです。私自身、紙書籍を読んでいて、まるで「呼ばれる」ように、そのとき必要な言葉を見つける経験を何度もしました。この「形態」は、やはり長い歴史の中で洗練され、生きながらえてきた、いわば人類の遺産であり、文化だと言えないでしょうか。私には、そのようなものが、そうやすやすと滅び去るとは、とても思えないのです。

†総仕上げの問題にチャレンジ!

では、ここまでの総仕上げとして、大学入試の問題にチャレンジします。東京外国語大学の英語の問題です。実際の設問は、要約・論述ともに二百語程度の英語で解答することを求めていますが、もちろん、日本語で構いません。また、解答は（一）（二）とも、それぞれ三分程度を目安に、話し言葉で行ってください。

問　次の文章を読んで、（一）その内容を日本語で要約し、（二）その内容についての賛成論または反対論を述べなさい。

世界中の国々の言語で蓄えられた文化は、英語にはそのうちの微々たるものしか翻訳されていません。だから、英語を知ったからといって、それぞれの文化にアクセスできるわけではないのです。英語を知ったからといって、世界を知ることができるはずがないんです。英語によって知ることができるのは、英語にされているものだけですから。

昔、オランダ語のみを通してでは世界を知ることができなかったように、ほんとうは英語だけを通して世界を知ることなどできないし、ある意味で、こういう形で英語を絶対化することは英語に対して失礼です。というのは、日本人が英語一辺倒になって、英語を重要視する最大の理由は、別に英語で蓄えられた文化に対して惹かれているというよりも、その経済力とか軍事力に頼って生きていこうとしているからであって、ある意味では非常に打算的で下品なわけです。

ほんとうの国際化というのは、世界にあるさまざまな文化と、英語経由、オフンダ語経由、中国語経由ではなくて、国と国同士が直接の関係を築くことなのです。国際というのは国と国のあいだという意味ですから、これは言葉だけではなく、外交においても、文化交流においても、どこかの国、どこかの言葉を経由して――何カ国語かを経由していくと、隔靴掻痒の感があります。そうではなくて、直接の関係を築いていくことがほんとうの国際化になる、国際交流になるし、理解にもつながるわけです。

これは大変なことなんです。大変な努力が必要ですし、時間もかかることですけれども、たった一つの言語を通してそれができると錯覚していることが、日本の国際化という病気の非常に大きな特徴だと思います。

これがいちばんよく表れているのがサミット、主要国首脳会議です。七カ国だったのが、今、ロシアも加わって八カ国になっています。このサミットの通訳のあり方に、この日本の特徴がいちばんよく表れています。これは国ごとに順ぐりに開かれて、もう二十八年以上たっています。日本でも七年に一度、開催されていて、二〇〇〇年に沖縄サミットが開かれました。その七年前に東京サミットがありました。

このサミットで行われる同時通訳の図式というのがあります。サミットは先ほど言った八カ国が参加します。そして言語は六つの言語を使います。これをいちいち逐次通訳をやっていたら六倍時間がかかりますから、同時通訳を使います。

このサミットの同時通訳は第一回開催以来ずっと二十八年間、この方式です。日本語を使うのは日本、英語を使うのはアメリカ、イギリス、カナダ、フランス語はフランスとカナダ――カナダはフランス語圏がありますから――それからドイツ語はドイツ、イタリア語はイタリア、ロシア語はロシアがそれぞれ使う言語です。

フランスのシラク大統領が発言すると、それは即座に直接、英語、ロシア語、イタリア語、ドイツ語に翻訳されます。ところが、日本語に通訳するには、いったん英語に訳され、この英語から日本語に訳されます。沖縄サミットのときは森さんが首相でした。森さんが日本語で発言すると、これが直接通訳されるのは英語だけ。フランス語にも、ドイツ語にも、イタリア語にも、ロシア語にも、英語を経由して訳されていく、つまり、リレーになってしまうわけです。

どうですか。この図式を見ると、日本語はなにか鎖国時代の長崎の出島みたいな感じがしませんか。それぞれの国は、これだけ緻密な、緊密な関係を築いています。日本は常に英語を経由して築くということになります。

言葉というのは、単に意思を伝えたり、自分の感情や考えを伝える手段であるだけでなく、自分の感情や考えを整理したり、組み立てたりする、つまり、物事を考えるための手段でもあるのです。言葉はそれぞれの言葉を持って生きてきた民族の歴史や、文化、地理、自然、それによって培われた世界観などを映して内包しているものですから、常にこういうふうに英語を経由して伝えられるということは、いつも日本語が英語のフィルターのかかった形でほかの言語に伝えられるということになります。さらには微妙なニュアンスはすべて捨象されてしまいます。

こうして、すべてのサミット参加国が直接コミュニケーションしていたのに対して、日本だけが二十八年ものあいだ、ずっと英語経由になっていたのです。英語経由のフィルターをかけて交流してきたということ、それをなんとも思わなかった。これはかなり異常な事態なんですけれども、この異常事態を異常と思わなかったということこそが、異常だと私は思います。これは国際化というものを錯覚している、つまり、英語、世界最強の国の言語を通せば、世界を知ることができる、世界に発信することができる、世界から情報が取り入れられると錯覚しているところで成り立っているんです。

（米原万里『米原万里の「愛の法則」』）

十一段落から成る長文です。話し言葉で綴られており、講演の一部であることがわかります。出典は、米原万里《よねはらまり》さんの『米原万里の「愛の法則」』（集英社新書）の第二章「国際化とグローバリゼーションのあいだ」です。巻末の初出一覧によれば、二〇〇四年に愛媛県立三島高等学校で行われた講演の起こしであるようです。米原さんは、東京外語大のご出身で、ロシア語の同時通訳者として、また作家として八面六臂の活躍をされながら、二〇〇六年に、五十六歳の若さで亡くなりました。

実は、東京外語大は、解答例や（一部ながら）採点基準を公表している数少ない大学です。本来なら、高い受験料を徴収し、しかも文字通り受験生の生殺与奪《せいさつよだつ》の権利を握っている以上、客観形式であれ、記述形式であれ、大学はそれらを受験者に示すべきです。とくに、本書でも扱った京都大学の和文英訳などは、いったい出題者自身がどのような解答を念頭に置いているのか、そろそろ提示してくれなければ、高校や予備校など、指導の現場は、ますます混乱するばかりです。その意味で、東京外語大は極めて良心的で、一流大学の名に恥じない大学だと言えるでしょう。

では、その東京外語大は、この米原万里さんの講演の一部を、どのように要約したのか。まず、東京外語大が公開した設問（一）の要約例（英文）を見てみましょう（図32）。「なるべく英文は使わない」という本書の趣旨に反してしまいますが、ここまで学んできた英語のロジックに照らして、看過できない重大な間違い――いわゆる文法的な間違いではない――が散見され、それらは実際の英文を使わなければ説明で

図 32　東京外語大が公開した要約例

The true sense of becoming international is for each nation to establish direct relationships with various vultures of the world and not trying to access other cultures only through English, Dutch nor Chinese. Inter-national means between, or inter nations. We naturally feel frustrated if we have to go through a certain nation or a certain language, in order to access other nations, in not just languages but in diplomacy or inter cultural exchange. I think in order to become truly international and to have international exchange and understanding we need to establish direct relationships.

<u>(1) All the Summit participant countries</u> <u>(2) had been</u> in direct communication with one another but only Japan has communicated only through English in the past twenty years. But we <u>(3) didn't think</u> much about the fact that we <u>(4) operated</u> through this English filter for so long. I think it is extraordinary in the sense we Japanese <u>(5) did not take</u> this extraordinary situation to be extraordinary. This stems from the fact that we have misunderstood the meaning of "internationalization" ; that is to say, if we know English, the language of the dominant country in the world, we can know the world, we can communicate to the world and we can obtain information on all of the world.

(1) All the Summit participant countries → All the <u>other</u> Summit participant countries に
(2) had been → 現在完了形（have been）または現在形（are）に
(3) didn't think → 現在完了形（haven't thought）または現在形（don't think）に
(4) operated → 現在完了形（haven't taken）に"for so long"という「期間」を示す表現とセットになるため、ここは現在完了形のみ。
(5) did not take → 現在完了形（haven't taken）または現在形（don't take）に

＊(3) で短縮形（didn't）を使い、(5) で非短縮形（did not）を使っているのは、恣意的で、避けたほうがよい（どちらを使ってもよいが、どちらかにそろえる）。

きないのです。

第二段落の五ヵ所の下線部を見てください。(1)は、第十一段落の「すべてのサミット参加国」をそのまま英語にしたものですが、これでは、日本まで含まれてしまいます。実際には、「日本を除くすべてのサミット参加国」としなければなりません。ロジックを扱う際には、「みんな」といった極論には注意しなければならないということは、もうみなさんには言うまでもないことでしょう。

(2)は、「すべてのサミット参加国が直接コミュニケーションしていた」という米原さんの日本語に引っ張られた間違いです。第二章でも述べたように、ロジックでは、もっぱら「過去形」は「現在との対比」において用いられます。実際には、「他のすべてのサミット参加国は、今でも直接コミュニケーションしている」のですから、現在完了形または現在形でなければなりません。ここで、なぜ過去形(were)ではなく、わざわざ過去完了形(had been)が使われているのかは、よくわかりません。日本語が「コミュニケーションした」ではなく、「コミュニケーションしていた」だからでしょうか（だとすると、あまりにナイーブな直訳です）。ちなみに言うと、過去完了形は、起点となる過去形がなければ使えません。こんな間違いは、おそらく東京外語大に合格する優秀な受験生であれば、まずしないはずです。

(3)も(4)も(5)も、このままでは、「今はそうではない」ということになってしまいます。繰り返しますが、英語で過去形を用いる場合、「現在との対比」がニュアンスされるからです。日本語の表現がどうあれ、英語に訳すときには、いったんロジックに乗せて考えなければ、正しい翻訳、正しい通訳はできません。

何度も述べているように、日本語に「時制」の概念が生まれたのは、明治期の言文一致政策においてです。現代国語において、どれほど「現在形」と「過去形」の区別が曖昧かは、『高校生のための論理思考トレーニング』の第三章をお読みいただければと思いますが、だからこそ、英語を使うときには、いっそう時制の使いわけに敏感にならなければなりません。

この問題の採点基準は公表されていませんが、出題者自身が、このように基本的な時制の発想を間違えているということは、論理的に考えて、採点基準もかなり怪しいということでしょう。その意味で、東京外語大には、猛省を促したいと思います（このような厳しい批判にさらされるから、他の大学は解答例を公表すらしないのだろうと思います。とにもかくにも、東京外語大がつけた先鞭に、他大学もならってほしいと、心から願います）。

「意味段落」と「小見出し段落」

それでは、図32の英文を日本語に全訳してみましょう。米原さんの原文に合わせて、話し言葉で訳してみます。

真の国際化とは、各国が、世界のさまざまな文化と直接の関係を築くことであり、英語経由、オランダ語経由、中国語経由で他の文化に接近することではありません。国際とは、国と国のあいだ、国と国同士という意味です。言葉においてだけではなく、外交においても、あるいは文化交流においても、他国に接近するために、どこかの国、どこかの言葉を経由しなければならないとしたら、当然、私たちは苛立たしく感じます。真に国際的となり、国際的な交流や理解を得るためには、直接の関係を築くことが必要だと、私は思います。

すべてのサミット参加国が互いに直接コミュニケーションしてきたのに対して、日本だけは二十八年ものあいだ、英語経由でのみコミュニケーションしてきました。しかし、私たちは、あまりに長いあいだ、この英語のフィルターを通して交流してきたという事実を、大したことだと思わなかったのです。日本人が、この異常な事態を異常と思わなかったという意味で、私は異常な事態だと思います。このことは、私たちが「国際化」の意味を誤解してきたことに由来します。すなわち、世界最強の国の言語である英語を知っていれば、世界を知ることができる、世界に発信することができる、世界中の情報を得ることができるという誤解です。


二段落の構成になっています。課題文の第三段落と第十一段落を、ほとんどそのまま抜き出してつないだものになっていることがわかるでしょうか。

『高校生のための論理思考トレーニング』の第四章で詳しく説明している通り、現代国語の段落わけ（改行）は、英語のそれとは異なります。英語の段落は、「意味段落」です。一つの意味のかたまり、すなわち「クレーム＋データ＋ワフント」のかたまりです。

ところが、現代国語の改行は、もっと恣意的で、感覚的です。「言わぬが花」の日本語では、どうしてもロジックはダイレクトには表に出ず、修辞的な技巧の裏に隠れてしまいがちだからです。課題になっている米原万里さんの講演録も、十一の段落からなっているものの、そのそれぞれは、まったく意味段落になっていません。実際、三角ロジックで分析することはできないはずです。

一般書や新書などでは、一つの「小見出し」を与えられた文章が、英語の意味段落に当たります。すなわち、「小見出し段落」です。現代文の要約問題では、このように恣意的にわけられた段落を、大きくいくつかのグループ（小見出し段落）にわけることから始めなければなりません。みなさんは、課題文の十一の段落を、どう小見出し段落にわけるでしょうか。

ここで、出典の『米原万里の「愛の法則」』（八十七〜九十二ページ）を見てみると、第一段落から第三段落までに「直接の関係を築いてこその国際化」、第四段落から第十一段落までに「すべて英語経由」という小見出しがついています。つまり、この十一の形式段落は、意味的には二つの大きい小見出し段落（英語における意味段落）にわけることができるということです。そして、一つ目の小見出し段落の要点が第三段落、二つ目の小見出し段落の要点が第十一段落です（日本語は「結論あと回し」＝「帰納型」になりがちだというセオリー通りです）。

意地悪なことを言うと、これは、出典の小見出しが先にありきの要約であり、いわば後出しジャンケンです。東京外語大は、明らかに集英社新書の小見出しを参考に、要約をつくっています。小見出しをあえて削除して課題文を掲載しているのも、確信犯的です。もし小見出しが残っていたら、誰でも簡単に要約を作ることができたでしょう。逆に、もし集英社新書の小見出しがなかったら、果たして東京外語大は、このような要約をつくることができたのか、正直疑問です。

†三角ロジックで構成し直す

さて、本論はここからです。現代文の要約であれば、これで合格答案です。しかし、英語として見た場合、残念ながら、東京外語大の解答例は、やはりまだ日本語に引っ張られた「英語もどき」なのです。

小見出しは、その小見出し段落の内容を端的に言い表していますから、これら二つの小見出しをつなげると、課題文の要旨になります。「直接の関係を築いてこその国際化であるのに、日本はすべて英語経由」――これが課題文のもっとも簡潔な要旨です。

しかし、これのどこにクレームがあるのでしょうか。「だから、何？」と言いたくなります。そう、これでは、ただ単に事実を述べているにすぎません。『高校生のための論理思考トレーニング』の第六章でも述べているように、日本語の小見出しは、クレームではなく、データに軸足を置いたものになりがちです。クレームが表に出ない日本語の「心の習慣」が、小見出しのつけ方にも表れるのです。「言わぬが花」の日本語の限界と言えるかもしれません。

ですから、英語で要旨や要約をまとめる場合は、一歩進んで、修辞技巧の裏に隠れているクレームを、表に引っ張り出してこなければなりません。改めて課題文を見てみると、全体の構成は帰納型です。米原さんがもっとも言いたいこと（クレーム）は、最終段落（第十一段落）の第三文でしょう。「これはかなり異常な事態なんですけれども、この異常事態を異常と思わなかったということこそが、異常だと私は思います」——「どのように、なぜ異常だと思うのか」のデータが、「すべて英語経由」という「現状分析」です。そして、このデータを挙げるワラントが、「直接の関係を築いてこその国際化」という「定義」なのです。

この三角ロジックを図にすると、図33のようになるでしょう。

二つの小見出し段落は、ともに結論後行の帰納型です。ですから、東京外語大の解答例のように、それぞれの結論を述べた第三段落と第十一段落を使ってまとめればいいわけです。しかし、ただ第三段落と第十一段落をつなぐだけでは不十分です。それらの順序を入れ替え、全体の構成を演繹型に改めなければなりません。その上で、第十一段落も、クレームになっている第三文を第一文に引っ張り出して、やはり演繹型に書き直します。

図33

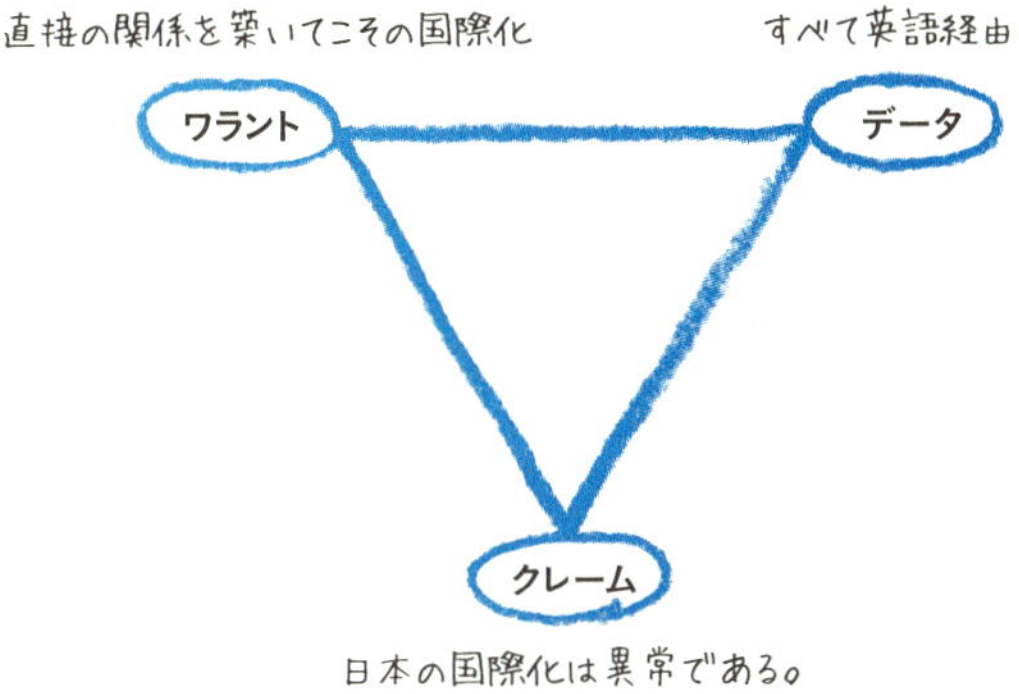

では、二段落構成で要約をつくってみましょう。日本語の言い回しは、課題文の米原さんのものをそのまま使います。

【要約例】

日本が目指してきた国際化は、かなり異常な事態です。その異常事態を異常と思わなかったということこそが、異常だと私は思います。すべてのサミット参加国が直接コミュニケーションしていたのに対して、日本だけが二十八年ものあいだ、ずっと英語経由になっていたのです。英語経由のフィルターをかけて交流してきたということ、それをなんとも思わなかった。これは国際化というものを錯覚している、つまり、英語、世界最強の国の言語を通せば、世界を知ることができる、世界に発信することができる、世界から情報が取り入れられると錯覚しているところで成り立っているんです。

ほんとうの国際化というのは、世界にあるさまざまな文化と、英語経由、オランダ語経由、中国語経由ではなくて、国と国同士が直接の関係を築くことなのです。国際というのは国と国のあいだという意味ですから、これは言葉だけではなく、外交においても、文化交流においても、どこかの国、どこかの言葉を経由して――何カ国語かを経由していくと、隔靴搔痒の感があります。そうではなくて、直接の関係を築いていくことがほんとうの国際化になる、国際交流になるし、理解にもつながるわけです。

東京外語大のオリジナル問題（英作文）であれば、これを英訳することになります。タイトルをつけるなら、ズバリ、「異常な日本の国際化」です。つい、「英語オンリーの日本の外交」や「直の国際化とは」としてしまいたくなるところですが、それでは○点です。データやワラントに振り回されたタイトルになってしまっているからです。

では、もっと短く、一つの段落でまとめてみてください。「クレーム→データ→ワラント」の流れを意識して、演繹型で簡明に要約します。

【要約例】

日本が目指してきた国際化は、異常なものだと、私は思います。すべてのサミット参加国が直接コミュニケーションしてきたのに対して、日本だけが二十八年ものあいだ、ずっと英語経由です。世界最強の国の言語である英語を通せば、世界の国々と交流し、理解し合うことができると錯覚してきたのです。真の国際化とは、英語であれ、オランダ語であれ、中国語であれ、特定の言語を経由するのではなく、国と国同士が直接の関係を築き、交流することです。

やや唐突に終わった感じがするかもしれません。その違和感こそが、英語のロジックに慣れていない証拠です。英作文の講師の中には、「ハンバーガー型」とか「サンドイッチ型」などと称して、最終文で「だから」や「したがって」などの接続語を使い、もう一度結論を繰り返すように指導する人もいます。これは、「起承転結」の日本語の作文と混同した間違いです。一つの段落にクレームは一つ。演繹型ならば第一文に置いておけば、もうそれで十分です。レトリックがどれほど複雑になろうと、ネイティブがクレームの内容を忘れることはありません。むしろ、最後にまた意見を繰り返すほうが、英語の感覚としては、とても奇異です。くれぐれも、注意してください。

†公開された解答例

では、設問（二）です。設問（一）でまとめた米原さんの議論に、賛成論か反対論を述べます。

東京外語大が公開した解答例は、図34のようなものです。

話し言葉で、全訳してみます。

私は、常に日本が、情報の受信においても発信においても、一つの言語、すなわ

図 34　東京外語大が公開した解答例

I agree with the author that the fact that Japan has always thought it can communicate with the rest of the world in both input and output of information in one language, that is the language of the superpower at the time, can lead to bias in what type of information is brought into the country and also what type of information is sent out of the country. As the author correctly points out, any language is imbued with its own idiosyncratic way of thinking, history and culture. No matter how skilled the interpreters or translators there may be, thoughts cannot be accurately conveyed if filtered through multiple layers of communication. Needless to say, it is better to have a direct link with all the nations. I propose two things: One, we need to have good interpreters and translators in various languages not just in English-Japanese. I feel there is a lot this university can do in that respect. Two, we should encourage other countries to study Japanese more. In that respect as well, I think this university has a large role to play, and I look forward to becoming a part of this effort by obtaining a chance to study here.

ちその時代の超大国の言語で、世界の他の国々と意思疎通を図ることができると考えてきたことが、どんな情報を国内に取り入れるか、そしてどんな情報を国外に発信するかにおける歪みにつながってしまうという筆者の意見に同意します。筆者が正しく指摘しているように、どんな言語も、特殊な思考様式や歴史、文化に染まったものです。どれほど通訳者や翻訳者が巧みでも、多様なコミュニケーションの階層のフィルターを通してしまうと、思考は正しく伝わりません。言うまでもなく、すべての国と直接つながった方がいいのです。私は、二つのことを提案したいと思います。第一に、私たちは、日英だけではなく、さまざまな言語で優秀な通訳者や翻訳者を持つ必要があります。この点で、この大学にできる多くのことがあるように感じます。第二に、私たちは、他国にもっと日本語を学ぶよう、働きかけるべきです。この点においてもまた、この大学には果たすべき役割があると思いますし、ここで学ぶ機会を得ることで、この努力の一助となれることを、私は楽しみにしています。

賛成論になっています。第一文で、「日本の英語一辺倒の国際化は異常である」という米原さんのクレームを（ずいぶん複雑でわかりづらいものの）要約しながら、「同意する」と、演繹的に結論を置いています。ここまでは、問題ないでしょう。

同意する理由（データ）が、第二文から第四文です。第二文では、「筆者が正しく指摘しているように」と、やはり米原さんの議論を要約する形で、「どんな言語も特殊文化的なものである」と述べます。第三文では、「どんな上手な通訳者でも、正確には訳せない」と、米原さんの議論にはないことを述べ、第四文で、「だから、直接つながった方がいい」と、ふたたび米原さんの議論を引用しています。米原さんの議論に、解答者の意見が恣意的に入り混じっていることがわかります。

第五文からは、「プラン提示」です。提示されているプラン（問題解決策）は二つです。一つ目は、英語以外の通訳者を育てること。二つ目は、海外の人たちに日本語を学んでもらえるように働きかけることです。ともに、東京外語大を持ち上げているのは、ご愛嬌です。大学自身が、公式にこのような解答例を示しているということは、あるいは「入学後にやりたいこと」と絡めて論じることを暗に求めているのかもしれませんが、設問は、あくまで「賛成論か反対論を書きなさい」であり、「志望動機と絡めて論じなさい」という指示はありません。ですから、もちろん、こんなことを書く必要などありません。もし、この問題の採点基準に「志望動機の記述の有無」があるとしたら、断じてそれは間違いです。合わせて、東京外語大には（ひいてはすべての大学に）、強く要望しておきます。

さて、ここまで本書を読み進めてきてくださったみなさんなら、このプラン提示の矛盾が、即座におわかりになると思います。「どんなに上手な通訳者でも、正確には訳せない」と、わざわざ米原さんがおっしゃっていないことを述べておきながら、その問題解決策として、よりにもよって「通訳者を育てること」を挙げているのです。以上、この解答例も、受験生や大学生が書いたものならともかく、大学が公式サイトで発表したものとしては、やはりお粗末だと言わざるを得ません。逆に、受験生にとっては、「この程度でいい」ということがわかって、かえって安心できるのではないでしょうか。言語論理教育に携わる者としては、東京外国語大でさえこうなのだから、他大学の解答例や採点基準は（公表こそされていませんが）推して知るべしなのだろうと、暗澹《あんたん》たる気持ちになります。日本にロジックが入ってきてまだ百五十年、まだまだ正しく理解されているとは言えなさそうです。

†賛成論よりは反対論

では、改めて賛成論から考えてみましょう。これまでのように、与えられた命題に自由に賛成論を述べるのではなく、しっかり組み立てられた三角ロジックに賛成する方法は、以下の二つしかありません。

①ワラントを生かしながら、異なるデータを挙げる（データを補強する）。
②データを生かしながら、異なるワラントを挙げる（ワラントを補強する）。

相手のクレームに賛成するということは、データとワラントにも賛成するということです。データやワラントに賛成できないということは、論証過程に賛成できないということですから、反対論を述べることになります。

注意しなければならないのは、この問題では、クレームには賛成しながら、まったく異なるデータやワラントを出す（異なる論証をする）ことはできないということです。単に「日本の国際化は間違っている」という命題のみを与えられ、「賛成論か反対論を述べなさい」という問題であれば、それでも構いません。しかし、この場合は、データとワラント（論証過程）も含めて提示されているのですから、それらを無視して、まったく無関係なデータやワラントを出してしまったら、わざわざ課題文を読ませる意味がありません。

さて、この問題に関する限り、大学受験生が賛成論を述べることは、まずできないでしょう。①であれば、「直接の関係を築いてこその国際化」というワラントを生かしながら、「どのように、なぜ日本の国際化は異常なのか」というクレームに、新たなデータを挙げなければなりません。また、②であれば、やはり「すべて英語経由」というデータを生かしながら、「どのように、なぜ日本の国際化は異常なのか」というクレームに、新たなワラントを挙げなければならないわけです。米原さんは、ロシア語同時通訳者の立場から、国と国との関係を論じておられます。その議論を補強するというのは、ちょっと大学受験生の手には負えないことではないでしょうか。

ですから、この場合は、反対論を述べるべきです。おさらいすると、反論の方法は、反駁とアンチテーゼの二つでした。反駁は、データかワラントを突くこと、アンチテーゼは、相手のクレームが間違っていることを、真っ向勝負で論証することです。

では、反駁から考えてみます。データの「すべて英語経由」は、事実なのですから、否定のしようがありません。また、ワラントの「直接の関係を築いてこその国際化」も、もし崩せるとすれば、「直接の関係を築かなくても国際化できる」と主張している（しかも、社会的評価において米原さんと対等、ないしそれ以上の）知識人を探すしかありません。少なくとも、僕には思い当たりません。

それなら、アンチテーゼはどうか。これまた米原さんを向こうに回して、「日本の国際化は異常ではない」というクレームを論証することは、僕にもできなさそうです。一つだけ、反論できるとしたら、「プラン提示」がないことです。「では、どうすればいいのか」について、この課題文には言及がないのです。あえて反対論を述べるなら、次のようにするしかないでしょう。

筆者は、真の国際化とは直接の関係を築くことだとし、その定義を根拠に、英語一辺倒の日本の国際化は異常だと述べています。しかし、筆者は、肝心の問題解決策について、一切言及していません。筆者の言う通り、真の国際化が、英語を経由することなく、さまざまな国や文化と直接つながることだとして、ではいったい、それをどのようにして実現するのでしょうか。現状を批判する以上、建設的に問題解決策を提示することは、筆者が果たすべき責任だと思います。

これが、設問（二）に対し、賛成論・反対論含め、論理的に導き出せる唯一の解答例ということになります。

ただし、この反対論は、米原さんにとって、あまりにフェアではありません。この課題文にプラン提示がないのは、長い講演録の一部を抜き出したものだからであり、米原さんのせいではないからです（つまり、出題の仕方が悪いということになります）。

米原さんは、もちろん問題解決策についても論じておられます。『米原万里の「愛の法則」』の中で、米原さんが提案されているのは、「二つの外国語を身につける」ことです。もし、このプラン提示が課題文に含まれていたら、解答の仕方もずいぶん変わってきます。僕なら、英語のプロである自分自身を引き合いに出し、「英語でさえ「日暮れて道遠し」の感を禁じ得ないのに、もうひとつの外国語を身につけることなど到底できない」と反論するでしょう。

以上のように、この課題文をもとに賛成論か反対論を書くのであれば、事実上、解答は不可能です。大学受験生には、荷が重すぎるのです。もし、出題するなら、単に「日本の国際化は間違っている」という命題のみを与え、賛成論か反対論を自由に述べさせる問題にすべきでした。

読者のみなさんは、大学の解答例がここまで問題だらけなのだとしたら、逆に、正しく英語的（論理的）に書かれた答案が正しく採点されないのではないか、という不安を抱かれるかもしれません。

僕の同期や後輩の中にも、現在、アカデミズムの第一線に立ち、大学でアメリカ・カナダ研究や英語を教えている人たちがいますが、彼らの学生時代の英語を、僕はよく知っています。当然のことながら、彼らも同じ日本の教育を受ける学生だったわけです。ただ、日常的に論文（あるいは英文）を読み書きしている分、一般の人よりは、感覚的・経験的にロジックの作法を身につけているにすぎません（ですから、大学の講義をオールイングリッシュ化して困るのは、学生たち以上に教員、ひいては文科省だろうと思います）。とはいえ、自分で「英語もどき」を書いてしまうことはあっても、書かれた正しい英文を評価することはできます。

僕は、これまでずっと、本書で述べている通りに、ロジカル・リーディングやロジカル・ライティングを指導し、東京外語大はもちろん、東大や京大、一橋、早慶など、最難関大学で圧倒的な合格実績を出してきました。みなさんは、迷わず正しいロジック理解に努め、その運用のトレーニングに励んでください。そして、入試問題の作成に当たっておられる大学教員の方々には、どうか、一層の研究と工夫をお願いしたいと思います。

第五章

メールの書き方

†「知的護身術」としてのロジック

ここまで、いわば羽根突きの道具（日本語）でテニスのプレーをする（ロジックを使う）という、明治以降、日本人が直面してきた問題を論じてきました。とくにパソコンやインターネットが普及し（その発想は二進法のロジックです）、ハラ芸とロジックの文化ミクスチャーに拍車がかかっている今、その交通整理を僕なりに試みたつもりです。

英語では、「読む・書く・聞く・話す」のすべてにおいてロジックを用いますから、文字通りの言文一致、「話し言葉」と「書き言葉」はまったく同じです。あえて違いがあるとするなら、第三章でも述べたように、書き言葉では、"I"（私）を"the author"（著者）や"the writer"（筆者）とすることくらいです。つまり、本来「ロジカルに書く」と「ロジカルに話す」は、表裏一体のはずです。ところが、現代国語ではそうはいきません。状況に応じて、二つの異なる「心の習慣」を使いわけなければならないのです。

グローバル社会を生きる日本人にとって必要なのは、ロジックとハラ芸の二刀流です。家族や友達とプライベートな会話をしているときに、ロジックを使うのは、やはり理屈っぽくて、堅苦しく、かえって人間関係がギクシャクします。明治の知識人がそう企図したように、**日常生活ではハラ芸を使いながら、公の場では、グローバル社会の方便、すなわち「知的護身術」として、意識的にロジックを使うのです。**

おおまかにまとめるなら、公の場で話したり書いたりするときは、ロジックを用います。話すときは「ですます調」、書くときは「である調」にすればいいだけです。伝統的な日本のハラ芸を使うのは、タメ口で話すときだけ、と考えていいでしょう

（もちろん、英語では、たとえ口語や俗語でも、ロジックを使います）。

手紙という形

とはいえ、「である調」でロジカルに日本語を書く機会は、まずほとんどの人にはありません。硬い評論文——新聞の社説や雑誌、書籍など——を「読む」機会なら、毎日のようにあっても、「書く」のは、せいぜい、大学受験での小論文か、大学でのレポートや論文くらいです。

インターネットが普及した現代の日常生活において、日本語をロジカルに「書く」機会があるとすれば、現実には、ほとんど電子メールだけと言っていいでしょう。もっとも、メールの文面も「ですます調」ですから、実際には「話す」ことと何も変わりません。ところが、このメールが、くせものなのです。

数学者の藤原正彦さんは、『国家の品格』（新潮新書）の中で、日本の文明の特徴として、「情緒」と「形」を挙げておられますが、その最たるものが「手紙」と言えるかもしれません。

日本語の手紙は、前文、主文、後付けの順番で構成されます。前文ひとつ取ってみても、「拝啓」などの「頭語」、次に「時候のあいさつ」、「安否を問い、繁栄を喜ぶ言葉」、「平素お世話になっているお礼」と、細かくその順序が決まっています。

そもそも、日本人にとっては、「手紙を出す」という「行為」、すなわち「形」そのものに大きな意味があります。たとえば、五月であれば、頭語と時候のあいさつは、「拝啓　新緑の候　皆様ますますご健勝のこととお喜び申し上げます」です。相手が会社経営者で、そのやりくりに苦しんでいることを知っていても、あえて形式的にそう書きます。それでも、心は伝わります。忙しいさなか、わざわざペンを走らせ、手紙を書いてくれた。「がんばってください。元気を出してください。応援しています」という心を、「手紙」という「形」に乗せて伝えるのです。これもまた、日本人の「察し」であり、ホンネとタテマエの使いわけです。

もちろん、最近では、メールが主流となり、手紙を書く機会は、ほとんど絶滅してしまいました。だからこそ、手紙という「形」の持つ重みは、いっそう大きくなっているると言えるかもしれません。お礼や謝罪、借金の申し込みなどは、本気であるなら、メールではなく、手紙にした方がよい、と考える日本人は、今でも多いものです。下手な文字でも自筆で手紙をしたため、ポストに投函するという行為そのものが、文字通り「ものを言う」のです。

実は、この手紙に関して、僕自身が痛い経験をしました。ちくま新書の現編集長と、はじめてお目にかかったときのことです。大阪のあいりん地区に取材があるとのことで、新大阪駅近くのホテルでお会いすることになりました。僕は、神戸でしか手に入らないクッキーをおみやげにたずさえ、新大阪に向かいました。そして、長時間にわたり、有意義なお話をした後、喜んで帰路につきました。もちろん、帰宅してすぐ、お礼のメールを送信しました。すべて「形」に則った行為です。

ところが、編集長からのメールが届きません。確か、土日をはさんでの出張でしたから、「それなら月曜には返信があるだろう」と思っていたところ、月曜になっても、火曜になっても、メールが届かないのです。正直、これには僕もカチンときてしまいました。それなりに付き合いの長い著者が（最初の出版からなら約一年）、手土産まで持って片道二時間の道のりを出かけていったのに、ホンネはどうあれ、形式的に失礼ではないか、と。

ところが、その翌日、郵便受けを開いてみると、なんと、実に丁寧にしたためられた編集長からの直筆の手紙が入っていたのです。まさに、一本取られた気分でした。第一章でご紹介した鍼灸院での出来事に続き、自分のコミュニケーションが知らないうちに英語化してしまっていることを、改めて痛感させられたのでした。

†近代化を阻む「慣性」を持った障害

現代日本人の生活において、メールは、英語的コミュニケーションと日本語的コミュニケーションが、もっともいびつに入り混じってしまったものだと思います。すなわち、英語の「ロジック」だけでも、また日本語の「形と情緒」だけでもない「文化ミクスチャー」です。

スウェーデンの社会経済学者グンナー・ミュルダールは、『アジアのドラマ』の中で、アジアの国々が近代化過程において直面する「制度と態度」の問題を論じています。ミュルダールによれば、**「制度と態度」は文化と密接に関わっており、「慣性」を**

ハラ芸とロジックの
文化ミクスチャー

持った大きな障害となって、近代化を阻みます。

電子メールの書き方が、グローバル・スタンダードである英語のロジックに基づくものであることは言うまでもありません。インターネットがアメリカで生まれたものである以上、それは当然の帰結なのですが、**伝統的な日本の「形と情緒」が、**

まさに慣性を持った障害となって、今日の文化ミクスチャーをもたらしているわけです。

平成二十七年（二〇一五年）に、僕が『完全独学！　無敵の英語勉強法』を出版したときのことです。ちょうどその年、僕は自社制作によるＤＶＤ教材をリリースしており、編集部のご厚意で、チラシ（広告）の投げ込みをお願いすることになりました。ただ、最後の最後まで、僕は決断をためらっていて、図35のようなメールを担当の編集さんに送りました。

改めて読み返してみると、僕の文面は、まさに文化ミクスチャーです。「頭語」や「時候のあいさつ」こそないものの、主文に入る前に、きちんと「平素お世話になっているお礼」を述べています。形式的な「前文」です。また、メールの最後に、「大変な乱文である」と、謙遜もしています（何度も推敲し、失礼のないように書いた文面であることは、言うまでもありません）。

実は、僕の中では、これはチラシの投げ込みを正式に依頼するメールでした。「ただ」と譲歩し、躊躇を伝えてはいますが、「基本的にはお願いする方向で考えており

図 35

差出人：横山雅彦
宛先：〇〇さま
CC：
件名：チラシの投げ込みの件

〇〇さま

大変お世話になっております。

チラシ投げ込みの件、いろいろとお気遣いくださり、本当にありがとうございます。

いろいろ悩んだ末、基本的にはお願いする方向で考えております。ただ、DVDが完全に大学受験のリーディングに特化したものであるのに対して、ちくまプリマー新書の読者が一般の方であることを思い合わせると、やはりまだ躊躇がないわけではありません。〇〇さんの忌憚ないご意見をお聞かせいただけましたら、幸いです。

チラシは、先日お話しした株式会社〇〇の〇〇さんが制作し、印刷の手配もしてくださるとのことです。チラシの納入先、およびお納めする部数と期日をお知らせいただけますでしょうか。最後までいろいろとご面倒をおかけし、大変心苦しく思っております。

取り急ぎ、お詫びとお願いまで申し上げました。
大変な乱文です。何卒よろしくご判読ください。

ます」をクレームにして書いたつもりでした。もちろん、「躊躇がないわけではありません」は、タテマエです。メールの最後で、チラシの納入先や納入部数、納入期日についても問い合わせており、婉曲的ではあるものの、このホンネとタテマエは、十分に伝わると思っていました。

ところが、このメールに対する担当さんからのお返事は、「こちらに迷惑ということは、まったくありません。〇月〇日までにお知らせいただければ、間に合います。ゆっくりお考えになってください」でした。つまり、ホンネとタテマエを逆に受け取られてしまったのです。

誤解を与えた最大の理由は、僕が使った「譲歩」にあります。そう、「イエス・バット」です。第二章で、日本人の「イエス・バット・シンドローム」について触れました。日本人は、メールも無意識のうちに「イエス・バット」、つまり「タテマエ But ホンネ」の形で書きがちですし、読み手に回れば、そのように書かれていると思いがちなのです。

もうひとつ、正しくメールの主旨が伝わらなかった理由は、否定文の使い方です。

「ただ」と譲歩したあとの、「やはりまだ躊躇がないわけではありません」という言い回しに注意してください。この部分を、僕の編集担当さんはクレームだと解釈したわけですが、英語では、否定文はクレームにはなりません。英語では、否定しっぱなしということはなく、否定したら、ただちに「ではどうなのか」を述べます。僕はこれを「ノット・バットの法則」と呼んでいます。「やはりまだ躊躇がないわけではないが」——その先がクレームです。もちろん、「やはりまだ躊躇がないわけではないが、できればチラシを投げ込みたい」ということです。

†伝わるメールのコツ

僕は、ミュルダールの近代化論を引用し、日本におけるメールが英語的ロジックと日本語的ハラ芸の文化ミクスチャーになってしまっていると述べました。難しいのは、それぞれのプレゼンスが、年代や職業、住んでいる場所によって異なるということです。年配者であれば、当然、伝統的な手紙の「形と情緒」のプレゼンスが大きくなるでしょうし、日常的に海外とやり取りする外資系企業のビジネスマンであれば、きわ

図36

差出人：	横山雅彦
宛先：	○○さま
CC：	
件名：	チラシの投げ込みの件

○○さま

チラシ投げ込みの件、ぜひ、よろしくお願いします。チラシは、先日お話しした株式会社○○の○○さんが制作し、印刷の手配もしてくださるとのことです。チラシの納入先、およびお納めする部数と期日をお知らせいただけますでしょうか。

めて英語的なメールを書くでしょう。ちくまの編集長のように、若くても、あえて「形と情緒」を重んじている人も大勢います。

先ほどのメールを、完全に英語的（ロジカル）に書き直したら、図36のようになるでしょう。

ただ、多くの日本人は、その「心の習慣」から、これではあまりにそっけなく、失礼に当たるのではないかと感じてしまいます。そこで、僕は、日本の伝統的な手紙の「形と情緒」は生かしつつ、グローバルな英語的ロジックから見ても誤解を与えないメールとして、次のような書き方を提案してみたいと思います。

①冒頭に「大変お世話になっております」という定型文を置く。
②演繹型で書く。
③「イエス・バット」は使わない。
④「結論として」「結論は」などという言葉で、クレームを明示する。
⑤結びに「よろしくお願いいたします」という定型文を置く。
⑥「笑」は使わない。

冒頭の「お世話になっております」と、結びの「よろしくお願いいたします」という定型文は、もちろんハラ芸です。こちらが世話する側であっても「お世話になります」、あるいは「ありがとうございます」と言い、こちらがお願いされる側であっても「お願いします」と言うのは、日本語のタテマエであり、出来レースです。一流商社で働くビジネスマンや弁護士さん、税理士さんとメールのやり取りをしていても、ほとんど冒頭と結びにこうした定型文が置かれています。英語的ロジックのビジネスライクな印象を和らげる定型文として、重宝されているようです。

本文は演繹型で、まず要件（クレーム）を述べます。また、日本語特有の「イエス・バット」を使わないように、気をつけます。形式的にタテマエを述べる場合は、「結論として」や「結論は」などという言葉でクレーム（ホンネ）を明示し、誤解の余地を与えないようにします。

最後に、「笑」をつけないように、気をつけてください。内田樹先生は、ご自身のTwitterで、「「笑」とか「w」とかが一瞥して目に入ったら、僕は読むのを止めます」と述べておられます。どれほどロジックが鋭利でも、「笑」がついた言葉は、「言った本人によって簡単に否認されるし、言葉自体がダブルミーニングになっている」からだと。

英語に、日本語の「笑」に当たるものはありません。顔文字はありますが、その使用は、ごくプライベートなチャットやSNSに限られます。考えてみれば、日本語の顔文字は、英語のそれより、はるかに多く、豊かです。それは、やはりハラ芸という

「慣性」のなせるわざでしょう。「笑」は、相手に「これはハラ芸ですよ、言葉の裏に隠された意味がありますよ」と示しているのです。

内田先生によれば、「笑」がついた言葉は、「口の端を歪めて語られた言葉」であり、「自分が口にした言葉を愚直に担う生身を持たない言葉」です。ロジックの前提は、「言葉は神だ」というものです。言葉にしたことがすべてであって、それを発した本人が、その意味をゆるがせにしてはなりません。「笑」を使った時点で、ロジックの世界にハラ芸を持ち込んでいる。そう肝に銘じてください。

では、以上のことを踏まえて、先ほどのメールを書き直し、この章の結びとしましょう（図37）。

図 37

差出人：	横山雅彦
宛先：	○○さま
CC：	
件名：	チラシの投げ込みの件

○○さま

大変お世話になっております。

チラシ投げ込みの件、いろいろとお気遣いくださり、本当に有り難うございます。

一般書であるちくまプリマー新書に、大学受験用 DVD のチラシを本当に投げ込んでいいのか、まだ迷いはありますが、結論として、ぜひお願いしたいと思います。チラシは、先日お話しした株式会社○○の○○さんが制作し、印刷の手配もしてくださるとのことです。チラシの納入先、およびお納めする部数と期日をお知らせいただけますでしょうか。

取り急ぎの用件のみですが、何卒よろしくお願いいたします。

横山雅彦

終章　ハラ芸の論理

†「おめえ、いつから頭でモノ考えるようになった？」

平成十八年（二〇〇六年）に大ヒットした『フラガール』という映画があります。公開初日、当時筑波大学附属病院に入院していた母と一緒に観に行った思い出の映画です。この映画の舞台は、昭和四十年（一九六五年）の福島県いわき市の炭鉱町です。この時代の日本は、まさに戦後高度経済成長期の真っただ中、炭鉱の町にも石炭から石油へとエネルギー革命の波が押し寄せ、閉山が相次いでいます。

そこで、フラダンス・ショーを目玉にした温泉施設「常磐《じょうばん》ハワイアンセンター」をつくることで、町おこしを図ろうとする計画が持ち上がります。僕の印象に残ったのは、主人公の兄が、町おこし推進派の幼なじみに、「おめえ、いつから頭でモノ考えるようになった？」と言うシーンです。「頭で考える」とは、ロジカルに考えるということです。確かに、少なくともこの時代までの日本人は、「頭」ではなく、「ハラ」でものを考えていました。

日本語の英語化は、明治維新以来の日本の近代化の足取りと完全に呼応します。僕は、日本の近代化には、二つの段階があったと思います。第一の段階は、言うまでもなく、明治維新です。ただし、この適応過程では、「和魂洋才」のスローガンが示すように、概して経済的自由化と社会的選択の自由化の次元にとどまり、文化面では伝統的価値を保持するというスタンスが取られていました。そのたまものこそ、現代国語です。現代国語の創出とは、「それを使っている限り、日本の国の個性が保たれるように」という、明治の知識人の壮大なコンスピラシー（企み）だったと言えるかもしれません。

日本の近代化の第二の段階は、第二次世界大戦後、ＧＨＱ占領下における改革です。

ここで、アメリカ化という名の近代化が、一気に加速することになります。つまり、政治的民主化も含めたより完全な近代化への適応が始まったのです。日本人が「ハラ」ではなく、「頭」――アメリカ流のロジック――でものを考えるようになったのは、このときです。もちろん、明治最大の遺産である現代国語のおかげで、日本の伝統文化は、かろうじて命脈を保ちました。言語面では、明治の知識人が仕掛けた「和魂洋才」のたがが生きていた、とも言えます。当初GHQが英語公用語化を

目論んでいたことは、すでに述べましたが、もしその言語政策が実現していたら、日本文化は致命的に剝奪されていたはずです。

そして、今日、第三段階の日本の近代化（日本語の英語化）が進行しています。一九六〇年代の初頭、世界に先駆けてアメリカが経験した「脱工業社会の到来」によるものです。歌手の宇多田ヒカルさんは、敬語がうまく使えず、インタビューもタメロで通すそうです。宇多田さんは英語ネイティブで、日本語はあとから習得されたそうですから、おそらく「そのくらい敬語は難しい」という意味なのでしょう（実際には、とても知的な方で、非常にきれいな敬語を使っておられるのを聞いたことがあります）。ところが、生粋の日本人でありながら、誰が相手でも敬語は使わない（使えない）、という若者が増えています。それが英語の影響であることは、言うまでもありませんが、恐ろしいのは、この英語化が、きわめて無自覚に進行しているということです。

脱工業社会については、拙著『大学受験に強くなる教養講座』の第三章で詳しく説明していますが、ひとことで言えば、従来の「有形財」ではなく、知識や情報といった「無形財」の生産と消費によって立つ社会のことです。日本は、アメリカに遅れること約二十年、一九八〇年代に脱工業社会となりました。この産業構造の変化は、アメリカによるインターネットの開発と、一九九五年のウインドウズ95の発売、さらには、携帯電話やスマートフォンの爆発的な普及によって、今や全世界を覆っています。

すでに述べたように、コンピュータの発想は、英語的ロジックのそれです。〇か一か、白か黒かの二進法であり、その発想こそが、今日のビジネス・シーンにおけるグローバル・スタンダードです。二進法なら、英語を使った方が手っ取り早いのは言うまでもなく、日本でも、またぞろ英語公用語化や四技能化推進の動きが急速に高まっています。それがいかに愚かで、明治の知識人の苦労と現代国語の恩恵を知らないたわごとであるかは、本書で何度も述べた通りです。

†黒いハラ

平成二十二年（二〇一〇年）に、僕は郷里である兵庫県三木市に帰ってきました。六甲山をはさんだ神戸の北隣にある小さな町です。ご存じのように、平成七年（一九九五年）一月十七日、神戸を中心とする兵庫県南部は、阪神・淡路大震災に見舞われました。ちょうど、小浪充《こなみたかし》先生のご退官と僕の修士課程修了が重なった節目の年でもありました。震災当日、僕はたまたま修士論文を書くために徹夜していて、早朝のテレビのテロップで、第一報に接しました。三木は、六甲山が緩衝材《かんしょうざい》となり、神戸ほどの被害は免れたものの、災害救助法（激甚災害指定）の適用地域となりました。

高校生の頃、まばゆいばかりに輝き、活気に満ちていた神戸の街は、今では見る影もなく、表向きの顔はきれいでも、まだまだ本当の意味で復興したとは言えません。僕は、いてもたってもいられず、何か自分にできることはないか、神戸を元気づけられないか、と考えた末、ロジカル・リーディングのDVDを制作することを思いつきました。

もちろん、東京の人脈を頼れば、簡単でした。しかし、映像をはじめテキストやパッケージの制作、DVDプレスまで、すべてを神戸の業者に託すことで少しでも神戸の経済に貢献できたら、と思ったのです。さらに、製品化したあとは、懇意にしている神戸新聞の記者に取り上げてもらい、神戸からロジカル・リーディングを全国に発信して、ゆくゆくは神戸発のイベントも開いていくつもりでした。

僕は、神戸にスタジオを構える一人の映像制作会社の社長と出会い、意気投合します。僕より少し年下のカメラマンでした。小さなスタジオではありましたが、映像業界に深く通じているとのことで、何より、彼が語る神戸への熱い思いに、僕は感じ入りました。また、サンプルとして見せてもらった英会話教材の映像は、東京の仕事と比べて何ら遜色なく、僕はすべてのプロデュースをその社長に委託することにしました。

ところが、いざ代金を支払い、制作が始まると、手のひらを返したように、態度を変え、僕は、そのあまりにずさんで不誠実な仕事ぶりに、いちいち驚かされることになります。カメラワークは素人同然、編集を終えたはずの映像には、言い間違いや咳払い、収録中の社長とのやり取りなどがそのまま残っており、音飛びや音ずれ、暗転など、他にも多くの問題があって、到底商品化に耐えるものではありませんでした。さらに、実は彼が神戸の出身ではないこと、映像は独学しただけのスチールカメラマンで、あの英会話教材の映像は、他社のものであること、印刷やプレスには、神戸の業者ではなく、東京や台湾の格安業者を利用しようとしていたことなどを知ることになります。

結局、この計画は頓挫しました。つまり、僕は、その社長の黒いハラにしてやられたわけです。ずっと大手予備校や一流出版社で甘やかされてきた僕にとって、人生初の仕事上の大きな挫折でした。

この経緯を、一人黙って見守り、すべてが明らかになったあとは、何も言わずに助けの手を差し伸べてくれた人がいました。父です。講師や著者としての社会経験しかなく、商売を知らない僕は、きっと痛い目に遭うだろうこと、しかし、僕の性格上、口を出せば激昂するだろうことを知っていて、父は、じっとハラでこらえ、時節を待ってくれていたのです。

法律的《ロジカル》には、完全な債務不履行です。しかし、父は、「そういう相手であることを見抜けなかったおまえも悪い」と、この社長を白か黒かで責めることをしませんでした。考えてみれば、エンタテインメントや教育関係の映像制作は、ほとんどすべて東京で行われており、受注する機会のない地方の業者がスキルを持ち合わせないのは、当然のことです。本当に神戸で全国レベルのＤＶＤ教材を制作したいと思うなら、いきなり未経験の地元の業者にすべてを任せるのではなく、東京か大阪の制作会社に依頼し、その下請けのような形で、まずは当たり障りのない仕事から、少しずつノウハウを身につけてもらうべきでした。結局、DVDは、旧知の関西テレビのプロデューサーに依頼し直し、その番組制作会社の全面協力のもと、無事完成させることができました。

†二種類のハラ

DVD制作が一段落ついたあと、父が僕に言ったひとことは、「おまえにはハラがない」でした。「理屈があっても、みなまで言うな。おまえは理屈が立ちすぎる。かと思うと、すぐ情にほだされる。男のハラというのは、理屈や弁が立つことでも、情に熱いことでもない」と。本書では、もっぱらハラ芸という言葉を、「ホンネとタテマエの使いわけ」の意味で用いてきました。しかし、どうやら、父の言う「ハラ」には、それ以上の意味があるようでした。

松本道弘先生は、『ハラ芸の論理』の中で、「ハラ芸を演ずる者には、二種類のハラを巧みに使いわける余裕、つまりハラがなくてはならない」と述べておられます。その一つは、「相手の真意」を見抜くハラです。松本先生によれば、それは、「純粋に赤誠の人か？　政治的野心がないか、大義名分（総論）のためには、私欲を捨てることができるハラのある男か？」を探るハラであり、「「無私」で計算のない清いハラ」です。そして、もう一つのハラは、「相手の読み、覚悟、冷徹な外交上のかけひき等を含めたハラ」だと、松本先生はおっしゃります。このハラは「無私」ではなく、ときに衣の下からヨロイをちらつかせるように、それとなく相手に感じさせ、一種の示威行為として使うこともあります。

兵庫県三木市は、秀吉以来の有名な「金物のまち」で、父は手引きのこぎりの柄《え》をつくっています。金物職人を紹介する「カナモノガタリ」という神戸新聞の連載で、木工職人として唯一、取り上げられた名工です。僕は、十八歳で三木市を離れましたので、父の人づきあいを知っているようで、実はよく知りませんでした。

松本先生は、「ハラ芸演技者も達人の域に達すると、私欲を〈捨てる〉とか、〈捨てない〉という二者択一論議など存在しないのである。絶対無のハラの世界では、欲の有無など生じないものである。……ハラ芸の世界には、矛盾というものがないのである」と述べておられます。不惑を過ぎ、それなりに社会人としての経験を積んだ僕の目で見る父は、まさに達人の域に達したハラ芸演者でした。

手引きのこぎりの柄は、長さ三十センチ、サワクルミという木を加工します。一般的な鋸《のこ》柄のイメージは、中央部が少し細くくびれていて、刃の根元近くだけではなく、柄の上から下まで、幅数ミリの籐《とう》が巻き付けられたものだと思います。あれは「絞り型全籐巻」と言って、形状も製造法も、父の考案です。もちろん、一人で巻くことができる本数には限りがありますから、何人かの内職さんにお願いして、籐を巻いていただいています。

ある日、内職さんの一人から、「茶色の籐が足りない」という連絡がありました。籐は、熱帯雨林にのみ植生するヤシ科の蔓《つる》植物で、日本では百パーセント輸入に頼っている稀少で高価な材料です。「先日届けたばかりだ」という家族の言い分をよそに、「ここで、自分が「足りないはずがない」などと言ったら、数十年の信用が台無しになる」と、父は黙って茶色の籐を届けました（あとになって、内職さんの勘違いだったということがわかりました)。

かと思うと、はっきりものを言うときには言います。剣道に、「落露《らくろ》の気」という言葉があります。相対の中に見いだす「絶対」の打突の機のことですが、草木の葉に宿った水滴が、葉先に集まり、落ちるタイミングを計るのでもなく、ただ落ちるがままに落ちる。たとえて言えば、そんな感じです。やはり、時節を待っているのです。

また、取引をしている東北の金物屋さんが民事再生を申請し、突然、数百万の手形を回収できなくなったことがあります。兵庫まで謝罪に来た社長に、父は文句一つ言わず、「会社を立て直して、またウチを助けてな」と、励ましました。社長は、父の前で、人目もはばからず、涙を流したそうです。

父は数百万円の欠損をかぶったまま、その会社との取引を再開しました。驚いたことに、契約書や念書など、取り交わしていません。まったく白か黒かの二進法ではないのです。さらに驚いたのは、言葉で説き伏せるのでも、怒鳴り散らして押し通すのでもなく、「今後は、手形ではなく現金での支払いにする」と、向こうから言わせたことです。これは、数ある取引先の中でも、父だけへの対応だったようです。

父だったら、件の神戸の業者にＤＶＤ制作を依頼することなどなかっただろう。いや、僕とはまったく違った仕方で、その業者と、僕が願っていた「神戸を元気に」できるような仕事ができたのではないか。そう痛感したことでした。

†日本の「国の個性」

僕が、師である小浪充先生から受け継ぎ、大学院生時代から一貫して取り組んできたテーマは、「開かれた世界秩序における国の個性」です。では、日本の「国の個性」とは何か。僕は、迷わず「道にまで高められたハラ芸である」と答えます。「時節を待つ」とは、単なる忍耐ではありません。また、我慢でもありません。主客や我他彼此《がたひし》を超え、自然の働きと心をひとつにして、自然の働きが「なるがままになる」タイミングを見計らうのです。

このハラは、日本語の文法構造にもよく表れています。歌舞伎や映画の演出家で、演劇評論家でもあった武智鉄二《たけちてつじ》さんは、『舞踊の芸』（東京書籍）の中で、英語が、もともと騎馬民族の言語であることを指摘しておられます。武智さんによれば、英語話者は、犬を認識するときも、直観に依存し、"This is a dog."と、決定（is）を急ぎます。スピードを尊び、時間と距離との相乗性を考慮しなければ、死活問題になるからです。他方、もともと騎馬民族でない日本人は、「一匹の犬」と認めた上で、「で、はない、こともない」と、自問自答するように、肯定と否定との決定をどこまでも考え、決定（である）を延ばし、深めます。

日本人の英語学習者に、関係代名詞が苦手だという人が多いのは、それが、「これは犬だ」と即断即決したあと、「その犬は黒く、凶暴で、私を嚙んだことがあって……」と、あわててあとから説明を付け加えていくための道具だからです。そもそも日本語には無用の長物であり、本当の意味で日本人が関係代名詞を理解できないのは、むしろ当然なのです。

戦後の知識人の書いた日本語は、ワープロ以前と以後で、はっきり質感が異なっています。ワープロがなかった時代、原稿用紙に手書きされた日本語は、非常に深く、重厚です。同じようにペンを使って原稿用紙に書き写してみると、強靱な思索の跡を、はっきり感じ取ることができます。僕自身、大学の卒業論文を原稿用紙に手書きしましたが、決定を最後まで引き延ばす日本語では、書き出す前に思考を重ね、「てにをは」や文末の語調まで、しっかり見通しておかなければなりません。しかし、ワープロを使って書くのなら、起動するやいなや、勢いよくキーボードを叩きつければいいだけです。あとは、適宜「てにをは」を修正したり、段落をごっそり移動させたりしながら、文章を完成させていけばいいのです。

僕が大学院に入って、一年目のことです。突然ワープロが故障し、研究発表のレジュメを手書きで作成しなければならなくなりました。ところが、ワープロであれば、いくらでも書けるのに、まったく文章が浮かんできません。このときはじめて、自分の思考が、確実に即断即決の英語に染まっていることを、思い知らされました。僕が、『高校生のための論理思考トレーニング』で、「パソコンやワープロの使用が、日本語の英語化に拍車をかけている」と述べたのは、このような意味においてです。

†「愛しい」ハラ芸は滅びない

序章で、上田桑鳩《うえだそうきゅう》の「愛」の字をご紹介しました。実は、上田桑鳩は、僕と同じ兵庫県三木市の出身です。そして、僕の書の師である吉川壽一《よしかわじゆいち》先生の師でもあります。吉川先生は、福井在住の書家で、『バガボンド』や『蒼天航路』など、数々の大ヒット漫画のタイトルロゴや、NHK大河ドラマ『武蔵』の題字を揮毫《きごう》したことでも知られます。

小学校や中学校の習字（書写）の授業を思い出してください。すべての文字を、左右・上下とも「一対一」に「等分割」された造形にするよう、指導されたと思います。実は、これは、戦後になって定められた習字の「基本」です。吉川先生によれば、古典の文字の造形は、篆書《てんしょ》であれ隷書《れいしょ》であれ、行《ぎょう》・草書《そうしょ》であれ楷書《かいしょ》であれ、およそ縦か横に「一対二」ないし「一対三」です。もう一度、十二ページの上田桑鳩の「愛」の字（実際には「品」の字）を見てください。これは楷書ですが、横長でほぼ「一対二」の造形になっていることがわかると思います。

また、平安時代中期に大成された日本独自の「かな書」（和《わ》様《よう》書）では、「連綿体」といって、「うれしい」なら「うれしい」のかたまり（流れ）を一つの文字として捉えます。そして、そのかたまりが、およそ「一対一対二対〇・五」の造形になっているそうです。意外なことですが、現在用いられている「縦三十三・四センチ×横二十四・一センチ」の半紙の規格も、民主的な「一対一」の「基本」の制定とともに、戦後になって生まれたものです。

これは、言うまでもなく、書の民主化であり、論理化です（同じことが、武道や芸道、漢方や鍼灸など、日本のあらゆる伝統技芸において起こっています）。民主的・論理的であるためには、誰が書いても、いつ書いても同じ、二進法的な「基本」がなければなりません。多くの現代書家の臨書《りんしょ》（古典の文字を模写すること）を見てみると、「一対二」や「一対三」の造形を、無意識のうちに「一対一」に変えて書いていることがわかります。それほど、近代化・民主化の浸透力は強いということです。上田桑鳩は、このように規格化・論理化された戦後の書を「低級な書」と、厳しく批判し、古典の「愛《うつく》しい」造形に回帰するよう、呼びかけたのです。奇しくも、GHQが去り、日本が主権を回復した昭和二十六年（一九五一年）のことでした。

『フラガール』のセリフにもあるように、少なくとも高度経済成長期までの日本人は、ハラでものを考えていました。ハラ芸の名人達人も、大勢存在しました。戦後、とりわけ脱工業化以降に生まれた世代からは、もう本当の意味での「愛《うつく》しい」ハラ芸は死に絶えてしまったのでしょうか。ハラ芸はすでに残滓《ざんし》であり、「KY」と呼ばれるような、中途半端な「甘え」としてしか残っていないのでしょうか。

僕は、希望を込めて、そうではない、と言いたいのです。日本語は、ハラ芸の道具だからです。**どれほど日本人の心の習慣が英語化しようと、明治の知識人が壮大なコンスピラシーとして残してくれた現代国語があり、それを正しく使う限り、日本の「愛《うつく》しい」ハラ芸がなくなることはありません。**

ただし、「心は形を求め、形は心をすすめる」ように、心の習慣は言語を求め、言語は心の習慣をすすめます。心の習慣が英語化すれば、日本語も英語化しますし、英語化した日本語は、心の習慣を英語化します。ここまで野放図な文化ミクスチャーが進んでしまったいま、われわれは、まず「愛《うつく》しい」日本語教育のあり方を見直し、再構築すべきです。具体的には、日本人にとっての無意識であるハラ芸を、英語のロジックとの比較において相対化し、客体化しなければなりません。もちろん、国語教育には、ロジックに精通した英語講師も積極的に関わるべきです。英語そのものを教えるのではありません。日本語で英語のロジックを教えるために、です。

英語は、あくまでグローバル時代に生きる日本人にとっての護身術でよいのです。それは、己の身を守る武器であり、同時に、日本の「国の個性」を守る武器です。日本人の「愛《うつく》しい」ハラ芸は、決して死んではいません。今なお、多くのテレビドラマや映画、小説や漫画で、日本人が涙を流すのは、言葉を超えた「愛《うつく》しい」ハラのやり取りです。阪神・淡路大震災や東日本大震災で、世界中の人々を感動させたのも、合理や論理を超えた、日本人の「愛《うつく》しい」ハラでした。

いま、情報化というグローバリズムの巨大な潮流の中で、われわれは、明治の知識人たちが直面した問題と同じ問題に、しかし、それよりもはるかに大きい規模と深刻さで直面しています。日本が「世にもめずらしい国」となる原動力となった現代国語を守り、伝えていくことは、それを遺してくれた明治の先人たちに対する、そして未来の日本人に対する、何より重く大きな責務であるはずです。

おわりに

僕は、早期英語教育にも、英語公用語化にも、一貫して反対の立場を取ってきました。「英語の先生がなぜ」と、よく聞かれます。僕が英語を学び、ロジックを教えるのは、グローバル社会で生きていくための「知的護身術」としてです。「英語は要らない」と英語で主張するために、英語を極めようとしていると言ってもいいかもしれません。

「大学合格に大した意味などない。しかし、大学受験に失敗した者が、負け犬の遠吠えで「大学受験なんて」と言うのは、カッコ悪い。第一志望校に合格し、その上で「大学なんて」と言ってみろ」と、よく僕は受験生にハッパをかけます。英語の話せない英語講師が、「英語なんて話せなくていい」などと言っても、やはり何の説得力もありません。僕は、英語公用語論の提唱者や四技能化を推進する英語講師の誰より、英語を上手に話し、彼らを英語で論破するだけの力を持っていたいと、常に思っています。英語講師として、いつでも彼らと英語でディベートをする覚悟はあります。

本書では、いかに日本語を使ってロジカルにアウトプット（話す・書く）するかについて、僕の「ロジカル・リーディング」の手法をもとに、解説を試みました。当初、一章を設けて、本格的な評論文（小論文）の書き方を扱う予定でしたが、現実問題として、評論文を「書く」機会は、大学受験の小論文か大学のレポートくらいしかなく（「読む」機会なら、新聞や雑誌、本など、日常にあふれています）、今回は断念せざるを得ませんでした。読者のみなさんの声を待ち、本書の続編としてまとめることができたら、と思っています。

最後になりましたが、本書は、ちくま新書編集長の永田士郎さんの忍耐と叱咤激励がなければ、決して世に出ることはありませんでした。この場をお借りして、篤くお礼を申し上げます。

ちくま新書
1200

「超《ちょう》」入門《にゅうもん》！ 論理《ろんり》トレーニング

二〇一六年八月一〇日 第一刷発行

著　者　横山雅彦（よこやま・まさひこ）
発行者　山野浩一
発行所　株式会社 筑摩書房
東京都台東区蔵前二-五-三　郵便番号一一一-八七五五
振替〇〇一六〇-八-四一二三
装幀者　間村俊一
印刷・製本　株式会社 精興社

乱丁・落丁本の場合は、左記宛にご送付ください。
送料小社負担でお取り替えいたします。
ご注文・お問い合わせも左記へお願いいたします。
〒三三一-八五〇七　さいたま市北区櫛引町二-六〇四
筑摩書房サービスセンター　電話〇四八-六五一-〇〇五三

ISBN978-4-480-06905-4 C0210